绝美自然风景

刘晓丽 ◎编著

旷世的奇山

北方妇女儿童出版社
·长春·

版权所有　侵权必究

图书在版编目(CIP)数据

旷世的奇山 / 刘晓丽编著. —长春 ： 北方妇女
儿童出版社，2017.1（2022.8重印）
　（绝美自然风景）
　ISBN 978-7-5585-0854-7

　Ⅰ．①旷… Ⅱ．①刘… Ⅲ．①山－介绍－中国 Ⅳ.
①K928.3

中国版本图书馆CIP数据核字(2017)第009929号

旷世的奇山
KUANGSHI DE QISHAN

出 版 人　师晓晖
责任编辑　吴　桐
开　　本　700mm×1000mm　1/16
印　　张　6
字　　数　85千字
版　　次　2017年1月第1版
印　　次　2022年8月第3次印刷
印　　刷　永清县晔盛亚胶印有限公司
出　　版　北方妇女儿童出版社
发　　行　北方妇女儿童出版社
地　　址　长春市福祉大路5788号
电　　话　总编办：0431-81629600

定　　价　36.00元

习近平总书记说："提高国家文化软实力，要努力展示中华文化独特魅力。在5000多年文明发展进程中，中华民族创造了博大精深的灿烂文化，要使中华民族最基本的文化基因与当代文化相适应、与现代社会相协调，以人们喜闻乐见、具有广泛参与性的方式推广开来，把跨越时空、超越国度、富有永恒魅力、具有当代价值的文化精神弘扬起来，把继承传统优秀文化又弘扬时代精神、立足本国又面向世界的当代中国文化创新成果传播出去。"

为此，党和政府十分重视优秀的先进的文化建设，特别是随着经济的腾飞，提出了中华文化伟大复兴的号召。当然，要实现中华文化伟大复兴，首先要站在传统文化前沿，薪火相传，一脉相承，弘扬和发展5000多年来优秀的、光明的、先进的、科学的、文明的和自豪的文化，融合古今中外一切文化精华，构建具有中国特色的现代民族文化，向世界和未来展示中华民族具有独特魅力的文化风采。

中华文化就是中华民族及其祖先所创造的、为中华民族世世代代所继承发展的、具有鲜明民族特色而内涵博大精深的优良传统文化，历史十分悠久，流传非常广泛，在世界上拥有巨大的影响力，是世界上唯一绵延不绝而从没中断的古老文化，并始终充满了生机与活力。

浩浩历史长河，熊熊文明薪火，中华文化源远流长，滚滚黄河、滔滔长江是最直接的源头，这两大文化浪涛经过千百年冲刷洗礼和不断交流、融合以及沉淀，最终形成了求同存异、兼收并蓄的辉煌灿烂的中华文明。

中华文化曾是东方文化的摇篮，也是推动整个世界始终发展的动力。早在500年前，中华文化催生了欧洲文艺复兴运动和地理大发现。在200年前，中华文化推动了欧洲启蒙运动和现代思想。中国四大发明先后传到西方，对于促进西方工业社会形成和发展曾起到了重要作用。中国文化最具博大性和包容性，所以世界各国都已经掀起中国文化热。

中华文化的力量，已经深深熔铸到我们的生命力、创造力和凝聚力中，是我们民族的基因。中华民族的精神，也已深深根植于绵延数千年的优秀文化传统之中，是我们的精神家园。但是，当我们为中华文化而自豪时，也要正视其在近代衰微的历史。相对于5000年的灿烂文化来说，这仅仅是短暂的低潮，是喷薄前的力量积聚。

中国文化博大精深，是中华各族人民5000多年来创造、传承下来的物质文明和精神文明的总和，其内容包罗万象，浩若星汉，具有很强的文化纵深感，蕴含丰富的宝藏。传承和弘扬优秀民族文化传统，保护民族文化遗产，已经受到社会各界重视。这不但对中华民族复兴大业具有深远意义，而且对人类文化多样性保护也是重要贡献。

特别是我国经过伟大的改革开放，已经开始崛起与复兴。但文化是立国之根，大国崛起最终体现在文化的繁荣发展上。特别是当今我国走大国和平崛起之路的过程，必然也是我国文化实现伟大复兴的过程。随着中国文化的软实力增强，能够有力加快我们融入世界的步伐，推动我们为人类进步做出更大贡献。

为此，在有关部门和专家指导下，我们搜集、整理了大量古今资料和最新研究成果，特别编撰了本套图书。主要包括传统建筑艺术、千秋圣殿奇观、历来古景风采、古老历史遗产、昔日瑰宝工艺、绝美自然风景、丰富民俗文化、美好生活品质、国粹书画魅力、浩瀚经典宝库等，充分显示了中华民族厚重的文化底蕴和强大的民族凝聚力，具有极强的系统性、广博性和规模性。

本套图书全景展现，包罗万象；故事讲述，语言通俗；图文并茂，形象直观；古风古雅，格调温馨，具有很强的可读性、欣赏性和知识性，能够让广大读者全面触摸和感受中国文化的内涵与魅力，增强民族自尊心和文化自豪感，并能很好地继承和弘扬中国文化，创造未来中国特色的先进民族文化，引领中华民族走向伟大复兴，在未来世界的舞台上，在中华复兴的绚丽之梦里，展现出龙飞凤舞的独特魅力。

东北屋脊——长白山

华东屋脊——武夷山

世界屋脊——珠穆朗玛峰

长白山

　　长白山是我国十大名山之一，位于吉林省和朝鲜两江道三池渊郡之间，是图们江、鸭绿江、松花江的三江发源地，也是中、朝两国的界山。

　　长白山因其主峰多白色浮石与积雪而得名，素有"千年积雪万年松，直上人间第一峰"的美誉。

　　长白山的湖、山、峰，无不为世界所罕见。它是一座休眠火山，历史上曾有过数次喷发，因此才形成了独特的地貌景观。

相传由白蛇变成的大山

旷世的奇山

　　长白山位于我国吉林省东南部，有"关东第一山"之称。其形成早在喜马拉雅造山运动之前，大约是在更新世纪与上新世纪之间，至少有1200万年的历史。

　　长白山的总面积为8000平方千米，涉及范围较广，跨越延边、白

长白山火山岩

■ 长白山天池

山和通化三个地区。其范围大致北起吉林省安图县的松江镇，西到抚松县松江河，东止于和龙县境内的南岗岭，南部一直延伸到朝鲜境内。

长白山最高峰海拔2749米，海拔在2500米以上的山峰有16座。在我国众多名山中，长白山的纬度最高，是欧亚大陆东部最高的山峰。

如此气魄壮丽的长白山究竟是如何形成的呢？相传是由一条小白蛇变化而来的。

那是在很久以前，我国东北地区本是一片大沙漠，只有少量草原，草原上住着很多蒙古人，他们有穷人和富人。那些草原都是属于王爷和贵族们的领地，而奴隶和牧民们却只能过着穷苦的日子。

穷奴隶里面个叫蒙根的年轻人，家里只有一位老母亲。他家世世代代给王爷当奴隶，虽然他没日没夜地给王爷干活，可还是吃不饱穿不暖。

一年夏天，太阳非常毒，到处都特别热，蒙根有

关东 是指辽宁省、吉林省、黑龙江省、内蒙古自治区的东四盟市，地处我国东北方，自古以来，就泛称"东北"，而明代以后又俗称"关东"，清朝后又称之为满洲或东三省。

蒙古包 蒙古族特有民居。其建筑方法是用驼绳绑扎固定，成为一固定圆形墙壁。圆顶陶敖上饰美丽花纹。包顶外形均是圆锥体，通常用一层或二层乃至多层毛毡或帆布覆盖，最后用一块矩形毛毡把陶敖覆盖以过夜或防雨雪。非常适合于经常转场放牧民族居住和使用。

■ 长白山天池

一天在干活累了的时候，便坐在地上，从腰间拿出随身带的水来喝。

水只剩下最后几滴了，他刚要喝下这几滴水，忽然发现一条小白蛇趴在他脚下，热得昏了过去。蒙根看这条小蛇很可怜，就把水给小白蛇喝了。不一会儿，小白蛇苏醒过来，它感激地向蒙根点了点头，就爬到草地里不见了。

蒙根回到家，发现自己母亲病了，他没有钱请大夫，只得到草原上去寻找草药。他走呀走，又来到救过小白蛇的地方，他看见在那里坐着一个穿白袍的小伙子。小伙子一看见蒙根就向他打招呼，还拿出一包药给他，告诉他这药能治蒙根母亲的病。蒙根觉得很奇怪。

那个穿白袍的小伙子解释说：自己是被蒙根救过的小白蛇，来报答他的救命之恩，以后蒙根要是遇到

什么困难，就到这里来喊三声"白蛇哥哥"，自己就会出来帮助他。

蒙根高高兴兴地提着药赶回蒙古包，他把药给母亲吃后，母亲的病果然很快好了。

又过了几年。这一年，草原上出现了一次大旱灾，人们面临着没有水喝的绝境。这时，蒙根突然想起了小白蛇的话，就赶快去找。蒙根找到白蛇哥哥，向他叙述了草原上的灾难，要他帮助大家。

■ 长白山奇石

小白蛇想了想说："好吧，晚上你和伙伴们同来，带着锹镐，看到哪块草地上有两点绿光，就到哪块刨土，就能刨出水来。"

蒙根回到蒙古包里和穷苦牧民们说，大家都十分高兴，当即准备了锹镐。到了夜里，人们来到茫茫草原上，果然望见草地上有两点绿灯一样的光亮。

大家盯准了地方，就开始刨地，刨了几下，水就哗哗流出来了。人们喝了这水，立即有了精神，就连那些生病的人也立即恢复了健康。

不久，关于小白蛇救助穷人的事传到了王爷耳朵里。阴险贪婪的王爷知道，这草原上的绿光就是世间少有的珍宝夜明珠，而这夜明珠就是小白蛇的眼睛。

王爷想得到夜明珠，就命令家丁们四处捉拿小白

夜明珠 是一种稀有宝物，古代称为"随珠""悬珠""垂棘""明月珠"等。夜明珠早在我国远古时期就已出现，是一种荧光石和夜光石，它由一些发光物质集聚于矿石中形成的。此外，部分工艺品也利用萤石的特征制作一些冠以"夜明珠"名称的饰品。

■长白山小天池

蛇。可是家丁们把草原找了个遍，也没有找到小白蛇。王爷见这个办法行不通，就叫人把蒙根抓到了王爷府。

王爷对蒙根说："蒙根呀，你从小就给我放羊，我一直想提拔你，但是一直没有机会，如果你能把小白蛇的眼睛弄来一只献给我的话，那我以后只让你干些轻松的活了。"

蒙根当然不同意，王爷便吩咐家丁将他毒打了一顿。最后，蒙根只好答应了王爷。第二天，蒙根来到救小白蛇的地方，将小白蛇叫出来，并请小白蛇一定要救救自己。

小白蛇对蒙根说："兄弟呀！夜明珠是我的眼睛，可兄弟你又救过我的命，今天兄弟有难，我说什么也要帮助你啊！"

小白蛇说完闭上一只眼睛，将眼睛抠出来送给了蒙根。蒙根将眼睛拿到王府，献给了王爷。

过了些日子，王爷和他夫人都争着要这个夜明珠。王爷怕老婆，只得把夜明珠让给了夫人。可王爷并不甘心，他又叫人把蒙根找来。

王爷对蒙根说："蒙根呀！你如果能把另一只夜明珠献给王爷，我就赐给你大群牛羊，百两黄金，而且还叫你骑上快马跑七天七夜，凡是你圈的地方全都给你，从此以后你就再用不着放羊，你可以娶妻成家，享受荣华富贵了。"

蒙根本来就是穷孩子，听说以后可以永远享受荣华富贵，就动了心，并答应下来。他担心小白蛇不再帮自己了，就想了一个计策，去抢夺夜明珠。

第二天，蒙根带上王爷家的所有家丁，悄悄地埋伏在小白蛇出现的地方。蒙根连喊三声"白蛇哥哥"，小白蛇就出来了。

家丁 是指受封建地主和官宦家庭雇佣、供差遣或当保卫的人。"家丁"在南朝时期是指到了服役年龄的人，在明朝时期专指不属于军队的武将，到了清朝时期又指富豪家守护家院的佣人。

■ 长白山美人松

小白蛇刚一出现，蒙根和王爷的家丁就一拥而上把小白蛇团团围住，要挖掉小白蛇的另一只眼睛。

小白蛇见到这种情景，大怒，把头一摆，一瞬间，草原上狂风四起，黑云弥漫，电闪雷鸣。只听得惊天动地一声巨响，顷刻之间，风也停了，云也散了。小白蛇化成了一座白色的山峰，把蒙根和王府的家丁全都压在山峰底下了。

虽然小白蛇化成了山峰，但他还惦记着草原上穷苦的牧民和没有制服的旱灾，他就把剩下的一只眼睛化成了一池清水，并从清水中分流出一条江水来，这条长长的江一直流过了草原。

后来，人们为了纪念小白蛇，就把这座山叫长白山，把山顶的一池清水叫天池，把从天池中流出的江叫松花江。

因为有了水，这里的人就越来越多。从此以后，肥沃的草原上水草丰美，牛羊肥壮，牧民们过上了幸福的生活。

阅读链接

关于长白山的来历，有另外一个传说。相传在宇宙洪荒时，天地间不时出现一条巨大的神龙兴风作浪，把清明日月、朗朗乾坤搅扰得浑浑浊浊的，斗转星移，弄得天上人间都不得安宁。

玉皇大帝处理天庭大事，面对臣子们厚厚的奏折，龙颜大怒，决心惩治神龙并造福于下界，就下旨调动所有神兵天将，亲自督阵以助士气军威。

这场征战历时七七四十九天，历经九九八十一战。交战双方势均力敌，杀气腾腾，你来我往，你进我挡，你死我活，越战越勇，尽逞其能。

后来，终于降服了这条神龙。玉帝忙命天神用一条大铁索牢牢地锁住神龙。光阴似箭，日月如梭。沧桑历史，几多变迁，那条神龙也改变了模样，就形成了长白山山脉。

从古到今的历史沿革

　　历史上的长白山一直是关东人民生息劳作的地方，在先秦之前称其为"不咸山"，汉朝时称其为单单大岭，南北朝时称其为盖马大山，北魏时则称其为"徒太山"，直至金称其为"长白山"。

　　自古以来，长白山就流传着许多诗词和有关记载，成为后来人们了解长白山的重要依据。在我国最早的一部地理学著作《山海经》

长白山苔原雪景

■ 长白山瀑布

伯益 亦作伯翳、柏翳、化益、伯鹥，又名大费。是夏朝第一位天子大禹的儿子。据传说，我国古代最早的神话古书《山海经》就是由伯益所作，具体讲述了其父大禹在长白山治水的事迹。他善于畜牧和狩猎，并且发明了我国最早的屋舍，被我国民间尊称为"土地爷"并受到供奉。

中，就曾有其记载。

《山海经》传说是大禹之子伯益所著，成文在战国以前，它详细地记载了其父大禹王治水时所经过的地方。据此书记载：

大荒之中有山，名不咸，在肃慎之国。

书中的"不咸"就是指后来的长白山。"不咸"在蒙古语中是"神仙"之意，在东北居住的各少数民族，如肃慎、沃沮、扶余、鲜卑、高句丽、蒙古、契丹等民族，都十分景仰东北境内这座最大的高山，并流传了许多关于它的神话传说。因此，人们将长白山称为"不咸山"，就是神仙山或者仙山的意思。

据魏晋时史学著作《后汉书·东夷列传》记载：

昭帝始元五年，玄菟徙居句丽，自单单
大岭以东，沃沮秽貊悉属乐浪。

　　这句话是说，在汉武帝出征高句丽之后，汉武帝
之子汉昭帝于公元前82年，便将玄菟人迁居于高句丽
之地，自单单大岭以东的沃沮族、秽貊族皆归属于
乐浪。这里的"单单"两字，与满语中的"珊延"相
近。"珊延"就是白色的意思，珊延大岭，就是白色
的大山。

　　在北朝时期的魏朝时称长白山为盖马大山。据史
学著作《魏书·勿吉》中记载："东沃沮在盖马大山
之东"。

　　另据地方志《吉林通志·卷十八》记载：

　　长白山为汉西盖马县境之山，则魏志之
盖马大山为长白山无疑。

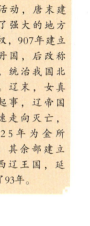

契丹族　中古时
期出现在我国东
北地区的一个民
族。自北魏开
始，契丹族就开
始在辽河上游一
带活动，唐末建
立了强大的地方
政权，907年建立
契丹国，后改称
辽，统治我国北
方。辽末，女真
族起事，辽帝国
迅速走向灭亡，
1125年为金所
灭，其余部建立
了西辽王国，延
续了93年。

东北屋脊

长白山

■ 长白山温泉

女真族 又名女贞、女直，中国古代生活于东北地区的古老民族，现今满、赫哲、鄂伦春等民族的前身。6至7世纪称"黑水靺鞨"，9世纪起始更名女真。12世纪前期完颜阿骨打建立了金朝，统治我国北方100多年之久。

据史学著作《后汉书·东夷列传》称，东沃沮在单单大岭以东，单单大岭就是长白山。所以，认为在东沃沮之西的盖马大山为长白山是可信的。

后魏又称长白山为纵太山或太白山。据地方志《奉天通志·六十七卷长白山系（上）》中写道：

> 魏书勿吉国南有纵太山，魏言太白。有虎豹黑狼不害人，人不得山上溲污，行经山者皆以物盛去。

唐朝时期称长白山为太白山。据史学著作《新唐书·列传黑水靺鞨百四十四·粟末部》记载：

> 靺鞨居肃慎地，粟末部居最南抵太白山，亦曰纵太山，与高丽接。

■ 长白山天池

■ 长白山美人松

直到东北的契丹族和女真族定鼎中原，分别建立起辽朝和金朝之后，对于东北境内的这个第一高山，人们才算对它有了统一的称呼，叫它"长白山"。

在史学著作《金史·本纪三十五》中也有记载，说女真地有长白山。

特别要指出的是，在中原建立起金朝的女真族，一直把长白山作为他们的发祥地，经常对长白山顶礼膜拜，以求保佑其国运昌隆和帝祚永延。

金世宗完颜雍刚刚登基不久，在1172年便册封长白山为兴国灵应王，并命当时著名文人、翰林院士党怀英修撰《封长白山为灵应王册文》，其文把长白山进行了大力神化。册文写道：

自两仪剖析，山岳神秀各钟于其分野。

国将兴者，天实作之。对越神休，必以祀

后魏 （386—534），是南北朝时代北方的第一个王朝。又称北魏，拓跋魏，元魏。鲜卑族拓跋氏建立，建都平城，493年起迁都洛阳，皇帝改姓元。439年，统一北方。386年，拓跋珪称王，重建代国，同年改国号"魏"，历史上称后魏、北魏或元魏。

事。故肇基王迹，有若歧阳，望秩山川，于稽虞典。厥唯长白，载我金德，仰止其高，实唯我旧邦之镇……

文中把长白山称之为神山秀岳，用"载我金德""仰止其高"等赞语来形容它，可见对这座名山的崇仰之情。

因此，完颜雍又于1175年在长白山北建立了灵应王神庙，还命大臣持节备礼，并带着《封长白山为灵应王册文》前去祭奠。

自金朝起，"长白山"的名称就一直沿袭下来。另外，在金代的时候，有一个名叫赵秉文的诗人以长白山为题材写了一首《长白山行》，这首诗对长白山景物进行了全面的描写。

赵秉文，字周臣，号闲闲居士，晚年称闲闲老人。他曾任安塞主簿、邯郸令、唐山令等职。他的长诗《长白山行》，在当时堪称一绝，诗中写道：

■长白山美人松

完颜雍 （1123—1189），汉名完颜褎，是金朝第五位皇帝，庙号世宗。金世宗视长白山为本族的福地，登基不久便封长白山为兴国灵应王，命翰林院修撰《封长白山为灵应王册文》，以表示对这座名山的崇仰之情。

长白山雄天北极，白衣仙人常出没。
玉龙垂爪落苍崖，四江飞下天绅白。
匹马渡江龙飞天，云起侯王化千百。

至今甲第多属籍，时清毡马争驰突。

锦鞯貂帽猎春风，五陵豪气何飘忽。

前年北骑瞰中原，准拟长城如削铁。

群家兄弟真连璧，胸中十万森戈戟。

向曾论事天子前，汉庭诸人动颜色。

心知不易一囚命，顾肯贪功事无益。

西南方面应时须，帝曰来前无汝易。

从来十益不补损，三辅萧条半荆棘。

瘦妻曳耙女扶犁，唯恐官军缺饷粮。

呜呼疮痍尚未复，且愿休兵养民力。

老夫谬忝春官伯，白首书生不经国。

佇公功成归庙堂，再献中兴二三策。

金朝 （1115-1234），是我国历史上少数民族女真族建立的统治我国东北和华北地区的封建王朝。金太祖完颜阿骨打在统一女真诸部后，1115年于会宁府建都立国，国号大金，改元收国。1234年，金朝在南宋和蒙古南北的夹击之下灭亡。

赵秉文的《长白山行》第一次以长诗的形式将此地的美景、国事以及民生公之于世，为以后人们对长

■ 长白山十六峰

长白山瀑布

白山的开发和研究提供了宝贵的资料。

到了清王朝的时候，朝廷曾一度下令封禁长白山。清王朝称长白山为其祖宗发祥的圣地，所以将长白山封禁起来，禁止人们进山放牧、狩猎和采参。清王朝还召集文人为长白山编造了仙女吞朱果而生爱新觉罗氏之先人的神话。

据记载，在1677年，清帝康熙曾派遣宫廷内务大臣武穆纳等人，首次前往长白山考察。

武穆纳等人5月从北京出发去长白山，同年6月由西南侧登山，6月到达山顶。第二天下山，8月返回北京，历时4个多月。

武穆纳在给康熙帝的奏折中，曾对长白山顶部美丽的自然风光和丰富的自然资源做了如下描述：

自林尽处有白桦木，宛如栽植，香木丛生，黄花灿烂。

步出林处，远望云雾迷山，毫无所见。近观地势颇圆，所见片片白光，皆冰雪也。

山顶有池，五峰围绕，临水而立。碧水澄清，波纹荡漾，池畔无草木。

文中的白桦木就是岳桦，黄花就是牛皮杜鹃。武穆纳等人的记述与长白山顶部的情况十分相符，他是对长白山真实面目进行详细描写的第一人。

康熙帝于是奖赏了武穆纳等人，同时给长白山进一步涂上了一层传奇的色彩，给长白山以"山灵""长白山神"的封号，不准人们享用长白山区丰富的自然资源，而朝廷却独享和大肆掠夺长白山区珍贵的毛皮和山珍野味。

1711年，乌拉总管穆克登再次由临江沿鸭绿江而上，登上了长白山顶，对长白山天池进行了实地考察。1909年，安图县知事刘建封，带领松江、安图两地的林政人员和勘测人员，并携带摄影器材登上长白山顶后，拍摄了天池、白头峰和瀑布等名胜照片很多张，并写了具体说明，对长白山做了比较全面的记载。

新中国成立以后，长白山得到了国家的重视和保护。也就是从这个时候开始，长白山才恢复了本来面貌。

长白山地区的语言、文字和诗词等是中华民族文化的重要组成部分，是历史上长白山地区各族人民在开发和建设长白山过程中的历史积淀，是留给我们后代人的宝贵财富。

阅读链接

上古时候，黄河流域发生了很大水灾，庄稼被淹了，房子被毁了，老百姓只好往高处搬。不少地方还有毒蛇猛兽伤害人和牲口，让人们过不了日子。

部落联盟首领尧召开会议，商量治水问题。在大家建议下，最终派负责治水的鲧的儿子禹去治水。

在当时，黄河以东常常闹水灾，禹到了那里，观察地形，发现原来是缺少堵塞河水的石头，于是他带领百姓每天从凤凰山挑九十九担石头来筑坝挡水。

经过多年努力，挑来的石头就成了一座大山。洪水终于堵住了，水也被引到大海里去了，人们又可以在地上种庄稼了。相传这座大山就是后来的长白山。

美丽诱人的景色与神话

　　大自然赋予了长白山无比丰富独特的资源，使长白山有着神秘的一望无际的原始森林，奇特的山峰，无尽的宝藏。气势磅礴的飞流瀑布，巨大的高山湖泊，奇异的火山地貌和珍贵的动植物。

　　以长白山天池为代表的九大名景，集乘槎河、长白瀑布、聚龙

■长白山的长白湖

■ **天池** 是指高山湖泊名。在我国有数十处高山湖泊，被人们形象地称之为"天池"，其中吉林长白山天池、新疆天山天池、青海孟达天池和浙江天目山天池又被称为我国"四大天池"。此处的天池是指长白山天池。

泉、长白湖、原始森林、岳桦林景观带和高山苔原景观带等奇景为一体，构成了一道亮丽迷人的风景线。

长白山天池位于长白山主峰火山锥体的顶部，是我国最大的火山口湖，是世界上海拔最高的火山湖。

天池四周奇峰林立，池水碧蓝清澈。天池是一个巨大的天然水库，在周围16座山峰的环抱中，沉静清澈的天池犹如一块碧玉一般，给人以神秘莫测之感。游天池最佳时节是在盛夏，那时云雾较少，容易一睹天池的真面目。

据史料记载，天池水"冬无冰，夏无萍"，夏无萍是真，冬无冰却不正确，由于高度较高，气候多变，风狂、雨暴、雪多是长白山天池的自然特点。它有长达十个月的冬季，湖水冻结时间达6月之久。

当风力达五级时，池中浪高可达1米以上。如同任性的少女发怒，

平静的湖面霎时狂风呼啸，砂石飞腾，甚至暴雨倾盆，冰雪骤降。绰约多姿的奇峰危崖统统罩上了一层朦胧的面纱。

这雾霭风雨，瞬息万变，虚无缥缈的白山风云，既绘出了"水光潋滟晴方好，山色空蒙雨亦奇"的绝妙美景，又为长白山天池增添了无限的神秘感，它塑造了长白山天池的独特个性。

另外，天池中还有温泉多处，形成几条温泉带，水温常保持在42摄氏度，隆冬时节热气腾腾，冰消雪融，故有人又将天池叫"温凉泊"。

天池中除了水外，就是巨大的岩石。天池水中原本无任何生物，但20世纪60年代以后，有人借助望远镜发现天池水面有两水怪互相追逐游动，相关部门对天池的水进行专门的研究调查并没有结果，于是一连串的疑问使得天池更加神秘美丽，吸引越来越多的人前往观赏。

美丽的天池中是否真的有神秘的水怪？我们并不清楚，但是美丽的天池却有很多神话故事，其"日吉纳格格"的故事广为流传。

相传有一年，在长白山出现了一个吃火的火魔，它吃了电火、野火，又吃人间烟火。从此长白山变冷，灭绝了一切生命。于是人们联合起来，抓住了火魔，把它埋在了长白山的山峰上。

然而，这火魔没有被压死，每逢旧历七月十五这一天，它就将火从腹中吐出。大火将附近的山林、花草、鸟雀、野兽、田园、村落都烧坏了，等烧到七七四十九天后，烟消云散，万物焚尽。

山下百姓没有办法只好搬出这里，过着流离失所的日子。为了降服火魔，有一位没有姓名的姑娘，主动召集族人，请求借助神力，除掉火魔。

这位姑娘临行之前，族人送她一匹宝马和一簇野山花，并为她起名为"日吉纳"格格。

日吉纳艰难地登上了长白山顶，她先祷告于风神，请求助威熄火，再祷告于雪神，乞求助威熄火。但是，因为风、雪二神的力量薄弱，根本对付不了火魔。最后，日吉纳祷告天鹅女神，求它飞上天宫，去天帝那里借用治魔法宝。

天鹅女神被日吉纳的举动感动，很快飞入天庭，天神赐她冰块，返回后交给了日吉纳格格。

第二年的七月十五又到了，火魔又吐出了天火，日吉纳带着刺骨的冰块，登上了天池火山口，一头钻进了火口中。

旧历 指夏历、阴历或农历，是我国古代传承下来的一种重要的纪年方式。在古时候不论是史书还是民间的神话传说都与旧历有着密不可分的关系，因此旧历也可称为是一部包罗万象的"中国文化史"。

■ 冬季的长白山

■ 长白山雪景

满族 全称满洲族，是我国最古老的民族之一，也是唯一在我国历史上曾两度建立过中原王朝的少数民族。主要分布于中国东北地区，以散居为主，其中以辽宁省人口最多。满族本族语言是满语，属于阿尔泰语系满－通古斯语族。满族的姓氏叫作"哈拉"。

与此同时，风、雨、雪神各展神术，很快将火口填平，烧红了的山峰冷却了，由于冷热不均，一声巨响过后，山峰坍塌下来，炸成个巨大的坑，这就是天池的形成起因。

火魔降服后，日吉纳又借助天鹅，飞入天宫，去答谢天神。不料，日吉纳被王母娘娘收下当了义女。之后，天上的六仙女就变成七仙女了。

日吉纳高居天庭，时刻牵挂着父老乡亲。她撒下许多日吉纳花籽和其他名贵药材种子，以求除灾治病。久而久之，她被长白山下的满族祖先奉为女善神。如今杜鹃花开遍长白山麓，各种名贵药材盛长于长白山大地，这都是女善神的功劳啊！

乘槎河又名天河、白河和通天河。长白山天池北侧的天文峰和龙门峰的中间出现了一个缺口，这个缺口就是天池的出水口，被称为"阀门"。

天池的水从阀门流出来，河水沿断裂带长期冲刷，侵蚀，使河床下切，扩大，形成了一条经久不衰的河流，全长1250米，是连接天池与长白瀑布的"白色纽带"，这是目前世界上最短的一条河流。

乘槎河的河水在流经1250米尽头时，忽而有一大的落差，于是便形成了高达60多米飞流直下的长白山大瀑布。

长白山瀑布，就是从天池唯一的缺口流出的水形成的一条瀑布，它从悬崖峭壁上飞流直下，与天然屏障玉壁、金壁相映，恰似一条白练从天而降。

两条玉龙似的水柱勇猛地越过突起的石滩，冲向深深的谷底，溅起几丈高的飞浪，犹如天女散花，飞流直下，甚是壮观。

长白山瀑布下的小溪

旷世的奇山

■ 长白山瀑布　位于长白山天池北侧，乘槎河尽头。乘槎河流到1250千米处便形成落差高达60多米的瀑布，因此称为长白山第一胜景，故名长白山瀑布。瀑布口有一巨石名曰"牛郎渡"，将瀑布分为两股。两条水柱勇猛的扑向突起的石滩，冲向谷地，溅起几丈高的飞浪，犹如天女散花。

　　此瀑布水声震耳，雷霆万钧，仿佛一条威武的银龙从天而降，直扑谷底。整个瀑布集天地之魂魄，蔚为雄伟壮观，被称为长白山第一胜景。

　　沿长白山北坡登山去天池，在不老峰东侧尾端和观景台中间，峭壁之上有一"凹"形缺口，就是著名的长白山黑风口。

　　这里长年多风且多是大风。当山顶刮到五级风时，此处狂风呼啸，飞沙走石，游人们根本站不起来，只能匍匐着爬到风口。但在风口又可以饱览长白瀑布的全貌，所以人们又总是想方设法前去观看。

　　在黑风口滚滚黑石下面，有几十处地热，大如碗口，小有指粗，这就是分布在1000平方米地面上的温泉群。

　　它距离震耳欲聋的长白瀑布不到千米，奔腾咆哮的白河擦边而过。它以绚丽的色彩把长白山周围的岩石、沙砾染得金黄、碧蓝、殷红、翠绿，闪烁着五光十色，散发着蒸腾热气，格外吸引人。

特别是冬季，周围是一片银装素裹，冰天雪地，而这里却是热气腾腾，烟雾袅袅，别有一番景致。

聚龙泉是温泉群中水量最大、分布最广、水温最高的温泉，堪称长白山第一泉。在10平方米的地域，有30眼泉水喷涌而出。经科学工作者测定，水温最高可达82℃。

这里，不论冬夏，总是热气蒸腾，雾气缭绕，特别是严寒的冬季，在皑皑白雪的衬托下，温泉更是云遮雾障，犹如神秘的仙境。

温泉附近长年沉淀下来的矿物质，有红、褚、黄、青、绿等颜色，好似美丽的陶瓷。一种清淡的硫黄味在空气中飘浮。还有珍珠似的气泡冒出水面，发出开锅似的声音。

陶瓷 是陶器和瓷器的总称。我国早在新石器时代就发明了陶器。裴李岗文化早于仰韶文化，是黄河中游地区新石器时代文化的代表。该文化的陶器主要有鼎、罐、盘、豆、三足壶、三足钵、双耳壶等，器物以素面无文者居多，部分夹砂陶器饰有花纹。

■ 长白山银环湖

■ 长白山凹口

龙王 是神话传说中在水里统领水族的王，掌管兴云降雨。龙王信仰在古代颇为普遍，是古代百姓最欢迎的神之一。佛教传入我国后，佛经中称诸位大龙王"动力与云布雨"。唐宋以来，帝王封龙神为王。从此，龙王也就成为兴云布雨，为人消灭炎热和烦恼的神。

在长白瀑布以下3000米河谷西侧，有两个圆形水池，称小天池，又名长白湖、银环湖、东湖。

两池一南一北相隔200米左右。北侧一个隐在幽静的岳桦林中，海拔1700米，湖面呈圆形，面积5300多平方米，湖水碧绿。

南侧还有一圆形池与前者大小相差无几，只是积水甚浅，仅几米深，有时干涸，露出黄色泥土。登高俯视，一个碧蓝，一个赤黄，好似一对金银杯，所以人们又称小天池为"对杯湖"，别具景色。

小天池水面如镜，宛若绿海中的美玉。湖水终年不枯，碧蓝平静，周围岳桦林密，百草丛生，峰峦倒映，恬静幽雅，景色壮观。

位于长白山冰场东5000米，洞天瀑北侧，亦称谷底森林也就是地下森林，是长白山海拔最低的胜景区，为森林生长断陷谷地之中。

在长白山主火山锥喷发时，伴生的寄生火山口，经后期断裂切割及地表的外动力的雕塑森林景观。

地下森林谷壁高达50米至60米，谷底面积南北长2.5千米至3千米，谷底古树参天，树分3层，巨石错落有致，置身于谷底深处，仿佛在绿色海洋中畅游。

地下森林与洞天瀑、树化石林紧密相连，高低错落，山、水、石、林融为一体，构成了多层次、多画面的立体式的自然景观。

岳桦林景观带是位于长白山火山锥体的下部，地面坡度陡峻，气温低，雨量丰沛，风力强大，蒸发量较小，相对湿度甚大，土层很薄，主要土类为山地生草森林土。

岳桦林带是针叶林和山地苔原之间的过渡带，是山地苔原和森林成分的特殊结合，并有自己的特殊成带的岳桦林景观植被类型，是历史植被产物在本带中山地苔原和森林成分彼此互相渗透，形成了复杂的植被镶嵌性。

乔木以岳桦为主，还有云杉、冷杉、落叶松等，灌木主要有牛皮杜鹃、蓝莓等。

■ 冬季的长白山天池

岳桦林木稀疏，矮曲成丛生状，稀疏程度随海拔增高而增大，在上部呈匍匐状生长，根系发达，能适应高山严寒的气候、瘠薄的土壤和强风的吹袭。

长白山因气候条件较严酷，动物食料贫乏，动物种类比较单纯，数量亦少。夏季凉爽是大型野兽避暑的好地方，每年入夏，马鹿、野猪、狍子、熊等，为了避开炎热和蚊虻都迁居到这里。

在岳桦林景观带内，还有一处著名景观绿渊潭，因岳桦荫翳，潭水碧绿而得名。绿渊潭瀑布飞流直下，最高落差达26米，瀑水落于巨石四溅而后流入深潭。每逢雾起，潭上水雾弥漫，与高山岳桦、旷古巨石而浑然一体，恰似人间仙境。

高山苔原景观带又称高山冻原景观带，在长白山火山锥体的中上部，位于岳桦林景观带之上，是长白山植物分布海拔最高最寒冷的地带，很多植物是第四纪冰川后遗留下来的极地植物。

长白山，一座伟大的山，这里有天之精、地之华、山之魂、水之灵。这精华，这魂灵，必将融化于人类的勤劳和智慧之中，共同孕育着，凝聚着，再造化出更多的绮丽来。

阅读链接

关于长白山天池的形成，有另一个传说。相传长白天池原是太白金星的一面宝镜。西王母娘娘有两个花容月貌的女儿，谁也难辨姐妹俩究竟谁更美丽。

在一次蟠桃盛会上，太白金星掏出宝镜说，只要用它一照，就能看到谁更美。小女儿先接过镜子一照，便羞涩地递给了姐姐。姐姐对着镜子左顾右盼，越看越觉得自己漂亮。

这时，宝镜说话了："我看，还是妹妹更漂亮。"

姐姐一气之下，当即将宝镜抛下瑶池，于是就落到人间变成了长白山上的天池了。

长白山风韵文化之美

长白山不仅拥有天池、瀑布、温泉、原始森林等自然景观，也是一座资源丰富的自然宝库和底蕴丰厚的文化宝库。

长白山文化，是长白山区各族人民在社会历史发展进程中所创造的物质财富和精神财富的总和，它包括农耕、渔猎和游牧相结合的物

长白山脚下的朝鲜族村

■窗棂

质文化，质朴耐劳、民族交融的民俗文化，拼搏奋斗、开拓创业和积极向上的精神文化等。

长白山是满族的发祥地，朝鲜族的聚集地。民俗和民族文化历史底蕴极为丰富，素有"歌舞之乡""体育之乡""礼仪之乡"之称。这里质朴的民风，多彩的生活，把长白山装扮得更加秀丽，更加迷人。

长白山民俗文化主要表现在以下几个方面：

首先是"关东三大怪"的习俗。在长白山最著名的风俗就是"关东三大怪"了，它们分别是"窗户纸糊在外""姑娘叼个大烟袋""养个孩子吊起来"。

那么，为什么他们有这么奇怪的习俗呢？首先来讲这第一怪：窗户纸糊在外。

黄河流域、长江地区绝大多数居民房屋，多少年来窗户纸都是糊在窗棂里面，这样在屋里看显得平整美观。可是，为什么长白山区老百姓却将窗户纸糊在外面呢？

原来，在早年间，长白山地区比较贫困，特别守

麻纸 是一种大部分以黄麻为原料生产的强韧纸张。麻纸的特点是纤维较粗，纸质坚韧；外观有粗细厚薄之分，又有"白麻纸""黄麻纸"之别；其帘纹一般较皮纸、竹纸为宽。

旧，那时没有玻璃，无论多么好的房子，窗户上面一律使用一种专用的十分厚实的"麻纸"把格子式的窗棂糊起来。

长白山地区的天气较冷，尤其是冬季，气温最低超过零下40度，而且风雪较大，如果窗户纸糊在里面，窗棂必然裸露在外，这样容易积存残雪。窗棂上的积雪溶化后便将窗户纸弄湿，导致窗纸破碎或脱离窗棂。而窗纸糊在外面，就避免了这种情况出现。

到后来，虽然有了玻璃，人们一方面因为买不起，或者由于习惯，觉得安上玻璃之后，在屋外可以把屋内的一切都看得一清二楚，感到不方便，所以一直沿袭下来。就是现在，还有极个别地方有人仍然使用窗户纸糊窗户。

关于这第二个习俗，"姑娘叼个大烟袋"，这又是为什么呢？

在过去长白山地区满族姑娘吸烟比较普遍，当时缺少香烟，她们多以吸烟叶为主，而吸这种烟的主要工具是烟袋。姑娘们在冬天的时候借烟袋来暖手，夏天和其他季节的时候可以熏蚊子，还可以防止被蛇咬，也可以解乏等。

■ 环境优美的朝鲜族村

■ 悠车　又称"摇车"或"悠车子"，是满族人家传统的育儿工具，形状如船，木制而成，车外绘以彩画，车内垫薄板，离地三四米。据说小孩哭则乳之，不哭则悠之，因此满洲族小孩睡悠车，是颇富有地域特色的松辽民俗之一。

　　至于"养个孩子吊起来"，说的是婴儿睡在摇篮里，关东地区特有摇篮叫悠车。悠车一般吊在天棚上，多在夏季和春末秋初时使用。孩子睡在悠车里非常舒服，尤其是夏天，凉爽宜人。在长白山地区人眼里，"养个孩子吊起来"是平常事，而在其他地方，却是人们感到非常奇怪的事。

　　本来，上述的"三怪"是长白山地区的三大怪，后来延伸到了整个东北。不过，长白山地区和东三省上述的"三怪"已经成为历史。

　　现在，在长白山区农村，一般人家都换上了玻璃窗，用纸糊窗户已十分罕见；大姑娘叨烟袋的现象也不存在了。另外，婴儿睡摇篮的现象也很少了，很多家庭已被婴儿睡床、睡车等取代。总之，随着时代的进步，"关东三大怪"的现象已经逐渐消失。

　　其次，是"用石头磨裤子"的习俗。火山爆发使长白山改变了模样，原本坚硬的岩石被火山岩浆燃烧得千疮百孔，被燃烧得最严重的石头变成了火山灰、火山渣，岩浆凝固后变成了浮石。

这种石头又叫江沫石，一般有足球和菜碗那么大，最大的浮石每块约半立方米。石头形大体轻，外表呈灰白色，有着多层石孔，由于它非常轻，所以放在水中不会下沉，反而还能顺江河漂流而下。这种石头主要性能是不导热。

浮石有许多的用处，一是可以用来磨刀除锈；二是可以用来除脚垢；三是可以用来做盆景；四是可以用做建筑材料。而生长在长白山地区的人们，还习惯用这种石头来磨裤子。

本来好好的衣服为什么非要先磨洗一番？原来，早年的长白山地区人们穿的衣服布料都非常硬，经过这种石头一磨，布匹就会变软，而且穿上去也更好看。

因为有了这种风俗，其他各地的人们也学了去，就连现在服装市场风靡一时的牛仔系列和水洗服大概都经过了用浮石水洗这道工序。

于是，长白山的浮石这一宝物得以充分利用，用汽车、火车外送。上海、广州、深圳等大城市有关工厂应用了浮石，甚至外国的企

■长白山上的浮石

■ 农家院的树干烟囱

业也到长白山来进口浮石，据说，他们都想用石头来磨洗裤子。

再次是"用树干做烟囱"的习俗。早年间的长白山地区的人居住非常分散，东山一户，西坡两家，两座山对面便能望见，但要是两家人要走动一下，需要走很远。

后来，人们的居住逐渐形成了小村落，小村屯，二三十户人家就是一个屯子，大部分都是本家族的，屯子和屯子之间的相距也比较远，都被大森林遮掩。

屯子里的住房大都采用长白山的优质树木来建房，绝大部分是"霸王圈""头顶锅""筒子房"等结构。也就是把树木伐下来后用木头垛起来，连房盖都用木板劈成片当瓦苫，房子既结实又保暖，夏天晒不透还遮阴。

从山外来长白山深山里的人，远远地看见屯子里冒烟，都觉得奇怪，怎么家家房子边上长着一棵大树，大树里面冒出缕缕炊烟来？尤其是冬天的景色更奇怪，大树上面挂满了白霜，里面冒出来的烟也是白色的，飘飘渺渺，烟雾腾腾，笼罩着整个村屯。

等人们走近了才看清楚，原来是家家都用大树筒子做烟筒，把树筒子立在房子根上，下边凿个洞，与屋里炕洞相连接。

那么，为什么这里的人们习惯树筒子来做烟囱呢？这里面有两个说法。有的说是过去盖房子砌砖的技术不够高，如果烟囱从屋顶出去，下雨时雨水会沿着烟囱流进屋子里，造成湿墙根等现象。于是人们为了避免这个麻烦，建造房屋时，把烟囱建在房山头儿一侧。

另一种说法是，秋天收获粮食的时候，为了贮存粮食而在房山头建的粮食囤子，因为粮食囤子高，就像个烟囱一样。

在长白山里虽然木材有的是，但要找一个好树筒却不是一件容易的事。

首先要选硬木的桦树、柞树、水曲柳、榆木之类的，要选直的，不能选弯的。再就是树筒里面的空间大小，一般是从大树树心开始腐烂。用碎木材和豆秸点燃一点点往里熏，一边熏一边敲，直到将这个圆筒做出来。

有人担心用木头做烟囱会不安全，如果火烧大了会把烟囱也一块

■深山里的小村落

■ 长白山茂密的森林

给烧着了。其实，这是不用担心的，因为树筒里面已经熏黑了，而且非常坚硬，就像涂了一层防火漆，冬夏依然安全。

　　长白山文化是我国历史文化重要的组成部分之一。在当今世界的经济文化一体化趋势下，在文化已成为经济社会发展的战略资源和强大生产力的现实情况下，我们研究、开发和发展长白山文化，充分地利用好这一文化资源，对于促进经济社会发展有重大意义。

阅读链接

　　　　关于浮石的神话传说。相传很早以前，蜀国有一位名叫尔朱的先生。有一天，他遇见一个异人给了他一药丸，尔朱想马上服下去，异人对他说：你要是今天服下去，就会死，要看见浮石才能服，那样才能得道升天。

　　　　从此以后，尔朱看见石头就投入水中，看是否会浮起来。别人都认为他疯狂了。但他却坚定信心，直到有一天他在涪江上遇见一个姓石的船翁，他豁然领悟，终于明白异人的浮石之说，于是他立刻将药丸服下，就得道成仙了。

武夷山

武夷山是一座历史文化名山。位于我国福建与江西的交界处。

武夷山脉北段的东南麓是典型的丹霞地貌，亿万年大自然的鬼斧神工，形成了奇峰峭拔、碧水丹峰和风光绝胜的美景。

武夷山以秀美的奇峰、秀水、幽谷和险壑等诸多美景名闻天下，群峰拔地而起，挺秀奇伟，千姿百态。蜿蜒碧绿的九曲溪水，穿行于赤黑斑驳的岩峰间。山光水色，交相辉映，构成"碧水丹山"的天然美景。

武族夷族化干戈成为一家人

　　武夷山位于我国福建省西北部，江西省东部，即福建与江西的交界处。

　　在地理纬度上，武夷山邻近北回归线，属于亚热带湿润型季风气候区。它西北部的崇山峻岭，既挡住了冬天南侵的冷空气，又阻滞了

■武夷山悬崖

■ 毛竹 又名"楠竹""孟宗竹""茅竹"。自古以来常置于庭园曲径、池畔、天井、景门，以及室内盆栽观赏。常与松、梅共植，被誉为"岁寒三友"。因在长江流域以南，常组成纯林，故称"江南竹"。

春夏来自海洋的暖湿气流。因而这里气候温暖清爽。

关于武夷山山名的由来，有许多传说。其中，较为有名的就是"武夷化干戈"的故事。

据说，很久以前武夷山这个地方，住着武族和夷族两个部落。武族人生活在七曲城高岩一带，他们上山种竹栽花果，下河打鱼捞螺虾。为了保护自己的劳动果实，武族人还在城高岩上筑起石墙，铸剑练兵。

那时的夷族人则住在山前的窑洞里，他们常常持着弓箭、长矛，在山里追赶飞禽走兽，靠打猎和刀耕火种为生。

一天，夷族的族长领着部下，追赶一只猛虎来到城高岩附近。他们见城高岩巍然耸立，四面陡壁，前后临溪，很像一座石城。城上花草飘香，果子压弯了枝头，真是一块风光秀丽的宝地呀！

夷族族长越看越喜欢，就想占领这个地方。回去以后，他领着部落的人进山砍毛竹、造竹梯、舞剑弄刀，准备了九九八十一天，便出兵攻打武族了。

这天，天上只有一弯残月，地上只有点点荧光，

干戈 干和戈是古代常用武器。"干"指盾牌，上古时期，秦称"盾"，山东六国称"干"。"戈"指进攻的类似矛的武器。因此后以"干戈"用作兵器的通称。后来引申为战争。化干戈为玉帛比喻变战争为和平或变争斗为友好。

夷族人摸到城高岩下，悄悄架上竹梯，攀上了石城，与武族人厮杀起来。

武族人奋勇抵抗，呐喊冲杀，一步也不退让，与夷族人打得难分难解。

这时，天空忽然闪过一道金光，又听得一阵"喔喔喔"的啼叫声传来，只见一位白发老翁，骑着一只长着五彩羽毛的大金鸡，来到了城高岩上。

"住手！"白发老翁喊着跳下了金鸡，走到武族人和夷族人的中间说："两族兄弟，莫要争斗，要和睦相处，同心开发碧水丹山！"

两族人见天上突然降下金鸡，跳下老翁，都非常惊奇，族长忙问："请问老翁，尊姓大名？"

老翁满头白发，捋着长长的银须说："我是天上神仙，专管这丹

武夷山

■武夷山风光

山碧水的风土人情，得知你们争斗，特意前来劝解。"

听说是神仙下凡来劝和，武族人连忙收起手里刀剑，夷族人也急忙放下手中弓矛。

白发老翁又说："从今天起，我把这只金鸡送给你们两族人，以后听到金鸡报晓，你们就起来耕田种茶，纺纱织布，武族和夷族要成为一家，世世代代相亲相爱，和和乐乐，日子会好起来的！"

武族和夷族的族长各领着自己的族人连声欢呼，一队队、一排排跪在地上叩谢白发老翁，对天起誓：两族人要携手并肩，同心同德，永远不再争斗！

老翁哈哈笑着一挥手，金鸡"忽"的一下展开了五颜六色的翅膀，飞进了七曲琅玕岩上的金鸡舍，而白发老翁却在一束白光中，笑呵呵地乘风驾云升上九

神仙 我国神话中指能力非凡、超脱尘世、长生不老的人物。道家指人所能达到的至高神界的人物。比喻能预料或看透事情的人；又比喻逍遥自在、无牵无挂的人。宋·梅尧臣《读〈汉书·梅子真传〉》诗："九江传神仙，会稽隐廛闬。"

■ 晨光中的九曲溪

重天去了，他把和睦与欢乐永远留在了人间。

从此，武族和夷族也就成了相亲相爱的一家人，为了巩固这种深厚的情谊，他们把两族人生活的地方叫作"武夷山"，把那位善良的白发老翁尊称为"武夷君"了。

阅读链接

相传古时候，武夷山洪水泛滥成灾，逼得老百姓只好躲进山坳里过日子。

武夷山的幔亭峰上住着一位姓彭的老人，老人有两个儿子彭武、彭夷。老人让两个儿子开山治水造福百姓。于是把祖传的一把斧子、一柄锄头和一弯弓箭给了他俩，并嘱咐两个儿子要日夜不停开山治水。

两兄弟不忘父亲重托，他们挖呀挖，砍呀砍，开出了一片片良田。兄弟俩又用弓箭射死了猛虎，除掉了恶豹，还在山上种了珍贵的药材，让百姓们过上了鸡犬相闻、安宁幸福的日子。

彭武、彭夷死后，人们为了报答他们的恩情，就以他们的名字命名此山，称为"武夷山"。

悠久的历史文化造就武夷山

武夷山无论是道教文化还是理学文化，都具有非常悠久的历史，是名副其实的历史文化名山。

几千年来，道教文化在武夷山得到了发扬，许多著名道人在此修行，并留下了许多古迹。武夷山道教文化源远流长。先秦时期，原始

■武夷山三仰峰

汉武帝（前156–前87），刘彻的谥号，西汉的第7位皇帝，杰出的政治家、战略家、诗人。为巩固皇权，汉武帝建立了汉朝，在地方设置刺史。文化上采用董仲舒的建议，"罢黜百家，独尊儒术"。大破匈奴，征服西域，开拓汉朝最大版图，首开丝绸之路。

旷世的奇山

的道家信仰和传说已在武夷山盛行。

据古代《武夷山志》记载：相传秦时有神仙降山中，自称武夷君，受玉帝命，统录诸地仙，于是以"武夷"名山。并传为：武夷是地仙之宅，各路地仙会聚武夷山。

西汉元封元年，汉武帝平定闽越王馀善叛乱后，摧毁武夷山闽越王城，并听从越巫勇之奏言，在朝廷的郊祀盛典中，把山民奉之为神的武夷君列在黄帝、天乙、地乙、泰乙……诸神之后。于是，"武夷君"第一次出现在《史记》中。

东汉时期，我国道教初兴，进武夷山修炼的道士渐多。到了唐宋时，由于官府倡导，道教盛行，武夷山上的宫观、道士活动增多。

在唐代天宝年间于大王峰脚下建造了武夷宫，是历代帝王祭祀武夷君的地方，也是武夷山最古

■ 武夷宫外景

■ 武夷宫正殿

老的宫院。后来在宋朝时扩建，赐为"冲祐万年宫"，每年中秋在观中祭祀武夷君、皇太姥。

自南唐李良佐入武夷山修道以后，道人羽士接踵而来，相继在武夷山的幔亭、虎啸、止止、水帘、碧霄、复古、天心、马头、莲花、神通、接笋等处结庐、造舍、立靖、建庵、筑观，蔚为大观，在历史上有九十九观之说。

武夷山修身炼形的道士，多属随山、龙门两派，均为"全真道"支派，南宋著名道士、全真道南宗第五祖白玉蟾曾修炼于此，结庵驻云堂，重建止止庵并任主持，他在道教"内丹"学方面做出了重要贡献，气功成就闻名于世。

由此可见武夷山的道教文化果真是名不虚传，武夷山不仅有着"内丹"学与"冲祐万年宫"等道教文化的成就，更有着将武夷山名扬于世的理学文化。

李良佐 字之辅，南唐时江苏徐州人。李良佐为南唐元宗李璟的弟弟，性情淡泊。951年，辞别李璟访道入武夷山，遂定居于此。南唐元宗为其敕建会仙观，即武夷宫，为武夷宫的开山之祖。在此期间，致力于开发武夷山，弘扬道法。986年坐化于武夷山清虚堂。

■ 紫阳楼 又名紫阳书堂，建于1144年，朱熹从15岁起在此定居，一直到晚年迁居为止，住了近50年。紫阳楼历经数代，都得到修葺整建。后毁，现尚存遗址。此遗址已列为我国重点保护文物。

武夷山的理学文化为何如此有名？这和生活于武夷山的理学大师朱熹有着密不可分的关系。在朱熹的影响下，又有一些理学名人来到武夷山，这给武夷山理学文化的形成奠定了基础。

武夷山的理学文化主要包括朱子理学和一些理学遗迹等方面，这些文化符号的存在，给武夷山带来了浓厚的理学文化氛围。

朱熹是古代理学的集大成者，他继承了北宋时期程颢、程颐的理学，完成了客观唯心主义的体系。认为理是世界的本质，"理在先，气在后"，提出"存天理，灭人欲"的理学思想。

朱熹这一系列成就的取得，都和武夷山有很大的关系。他少年时期曾在武夷山生活，并开始接触理学。成年以后，他又曾在武夷山生活和治学。

据考证，朱熹一生在武夷山生活的时间有近50

五夫里 又名五夫镇，位于福建省武夷山市东南部，自古就有"邹鲁渊源"之称，是理学宗师朱熹的故乡，也是朱子理学的形成地。是武夷山武夷文化遗产的重要组成部分，是我国历史文化名镇。

年。因此，朱熹在武夷山长时间的生活经历，为建立武夷山理学文化建立了功勋。

朱熹幼年在武夷山五夫里定居，这是朱熹接受理学的摇篮时期。因此，五夫里成了人们追慕武夷山理学文化首选的重要名胜之一。这里的名胜有紫阳楼、屏山书院、兴贤书院、朱子巷和朱子社仓等。

五夫里的第一个名胜就是朱子故居紫阳楼。朱熹15岁时奉亡父朱松遗命，到五夫里投靠刘子翚。刘子翚建州崇安（今福建武夷山市）五夫里府前村人。曾任兴化军通判，以抗金知名。

刘子翚为朱熹修建了紫阳楼，以供朱熹奉母而居。后来，朱熹也就是在此宅苦学成才。

向外界开放后的紫阳楼宅第布置了展览室和紫阳书堂以及轩、室、居等。正门的对联"忠孝持家远，诗书处世长"为朱熹治家格言的名句，也是介绍该宅

刘子翚（1101-1147）我国宋代著名理学家。字彦冲，号屏山，学者称屏山先生。福建人氏，朱熹就是他的学生之一。刘子翚为朱熹义父，给朱熹取字元晦，希望他成为一个外表不露、道德内蓄之人。

■ 朱熹雕像与紫阳楼前的牌坊

■ 武夷精舍内部

居的主题。

正厅紫阳书堂，是朱熹会客和讲学之处。两侧书斋，分别是纪念其父朱松的书斋、研读《易》之处的敬斋和研读《大学》之处的义斋。

后厅为"晦堂"，取名于刘子翚赠给朱熹的三字格言"不远复"和勉励楹联：

木晦于根，春容晔敷；
人晦于身，神明内腴。

朱熹牢记师长的话，给后厅取名"仲晦"。

后厅过道设朱氏先祖神位龛，是为了告诉后人有关朱氏来闽始祖和他的族系。

漫步在紫阳楼外草地，还可以观赏朱熹手植古樟和"半亩方塘一鉴开"的方池。

位于九曲溪、五曲溪东、隐屏峰南麓的武夷精舍建于1183年，它是朱熹完成《四书集注》和以它为教材实行完好的教育实践的一所成功的私立大学，在我国教育史上占有重要的位置。

武夷精舍的作用在于通过创立学院，授徒讲学，著书立说，培养人才，重新树立起中华民族传统的主体意识，即儒家思想的正宗地位。

儒家 又称儒学、儒教，是我国古代最有影响的学派。也是我国传统文化的神经和灵魂。儒教以春秋末期的思想家和教育家孔子为先师，倡导王道德治、尊王攘夷和上下秩序。由于我国传统文化绵延，儒教在数千年的演变中不断地得以发展。

历史上，武夷精舍的兴盛与朱子学派的兴盛是同步的。朱熹所创立的学派史称"朱子学"，这一学说汇集了当时主要的儒学学派濂学、洛学、关学之大成。

朱熹始创"四书学"，即把儒教创始人孔子、孟子和他的学生曾参、子思的经典论著《大学》《中庸》《论语》《孟子》汇成一个系列，加以权威性的阐述、诠释，名之为《四书集注》。朱熹在以"四书"为教材进行的教学实践中，努力促使它成为官方科举取士的标准教科书。

果然，由于朱熹及其门人在教育实践中的不懈努力，当元朝统一以后，朱子学自南向北传播，被朝廷定为一尊，成了国家的正宗思想，武夷理学文化也就成为封建王朝的正统文化。

朱熹 （1130-1200），字元晦、一字仲晦，号晦庵、晦翁、考亭先生、云谷老人、沧洲病叟、逆翁。南宋著名的理学家、哲学家、教育家、诗人、闽学派的代表人物，世称朱子，是孔子、孟子以来最杰出的弘扬儒学的大师。

■武夷精舍

"朱子学"作为文化正宗，达七八百年之久。它成为历代理学家讲述伦理学、政治学、哲学的基本纲领和政治家治理国家的基本指导思想。

也就是在此时，武夷精舍改为紫阳书院。书院也改为官办，由朝廷委派山长管理书院。

朱熹为武夷山理学文化做出了空前绝后的贡献，因此世人更是以诗的形式来弘扬儒学大师朱熹：

春秋出孔丘，南宋有朱熹。
中国古文化，泰山与武夷。

从此诗中可以看出朱熹对理学文化的重要影响。在武夷山上不论是道教文化还是理学文化不但保存完好，而且具有重大的文化研究价值，同时也是后人了解武夷山的重要依据。

阅读链接

武夷山不仅有道教、理学文化遗产，还有其他丰富的历史文化遗产。如汉代的闽越王城遗址。这个遗址，具有极高的历史文化和研究价值。它是我国长江以南保存最完整的一座汉代古城址。

在汉代古城遗址发掘出土的大量珍贵文物，如日用陶器、陶制建筑材料、文字瓦当、铁器青铜器等，分别代表当时先进的生产力，体现了我国文明的最高水平，为研究汉代闽越族盛衰及江南经济文化发展史提供了重要的实物资料。

此外，武夷山还保留了大量的摩崖石刻、古代民居等众多文化遗产。

名人到访增添武夷山知名度

武夷山和其他名山胜景一样，扬名的方式有很多，而其中最好的方式，莫过于名人的到访。名人到访武夷山留下的文学作品，成为人们知道和了解武夷山的最初动力。

武夷山的名人踪迹有好多种，主要包括诗词大家、地理学家等，他们来到这里或游山玩水，或在此修行生活。不管何种方式，他们的到来都大大提高了

■ 李纲（1083-1140） 字伯纪，邵武（今属福建）人，宋朝名儒，文学名家。他与赵鼎、李光、胡铨合称"南宋四名臣"。据传李纲是酷爱山水之人，曾为武夷山作诗五首，来表达对此山的敬仰之情。

■武夷山石刻

旷世的奇山

武夷山的知名度。

宋朝名相李纲曾游玩于武夷山，与武夷山结下了很深的渊源。据说，李纲是个"性酷爱山水"的人，他曾两度游武夷。未游武夷之前，李纲常常以自己是福建人而未能游览"为七闽最"的武夷胜景，深感遗憾。

1119年初夏，李纲白天卧寝，曾经做一个奇异的梦，梦见自己乘着一只小舟，穿行于山涧，纵目四顾，峰峦奇秀，有如玉色，秀美环奇，不可摹状。

一觉醒来，犹自欣然回味。李纲心想梦中所游历的，必是天上仙境吧！事有凑巧，这年他被贬剑哺，途经武夷。于是，李纲泛舟九曲，沿溪的奇峰怪石，让李纲目不暇接。

行到六曲，登天游，到晞真馆时，雪花纷飞、岩石皆白如玉，恍如梦中所见。此时，李纲惊叹道："斯游清绝，已先兆于梦寐。"

为此，李纲写下了《记旧梦并序》《泛舟至晞真馆遇雪》《狮子峰》

《试剑石》《江城子·游武夷》等五首诗词。

此外，李纲还有多首写武夷山的诗，其中，他在一首名为《九曲溪》的诗中写道：

一溪贯群山，清浅萦九曲。
溪边列岩岫，倒影浸寒绿。

作为一个对武夷山久怀仰慕之心的人，李纲在这首诗中，把九曲溪的美写得生动逼真。

武夷山不但受到很多诗人的眷恋与青睐，就连著名军事家戚继光也曾对此山表达出眷恋之情，还在武夷山立下为国戍边的壮志。

1567年，明代著名军事家戚继光奉诏北上，途经

戚继光（1528-1588），字元敬，号南塘，晚号孟诸，山东登州人。明代著名抗倭将领和军事家，被我国誉为民族英雄，卒谥武毅。后人称其带领的军队为"戚家军"。他曾写过多部军事和诗词。

■ 武夷山诗词石刻

旷世的奇山

陆游 （1125-1210），字务观，号放翁，浙江省绍兴人。南宋著名诗人。他一生诗歌作品很多，存诗歌9000多首，内容极为丰富，表现出渴望恢复国家统一的强烈爱国热情。

武夷山，在一面水光石题刻：

> 大丈夫既南靖岛夷，便当北平胡虏、黄冠布袍，再期游此。

又挥毫题诗于冲佑观三清殿壁上，署名为"赳赳鄙夫"。

戚继光在一首《题武夷》中写道：

> 一剑横空星斗寒，甫随平虏复征蛮。
> 他年觅取封侯印，愿学幽人住此山。

戚继光的题诗，表达了他为国戍边的壮志，也抒发了他对武夷山胜地的眷恋之情。

■ 武夷山名人诗词碑刻

武夷山不仅是吟诗作画之地，更是许多地理学家考察与研究的风水圣地。

■ 武夷山独石刻

明代地理学家徐霞客不以仕途为意，而以身许之山水，他22岁开始出游，足迹遍及大江南北。其观察所得，按日记载，后来被整理成富有地理价值和文学价值的《徐霞客游记》。

在徐霞客的日记中，关于武夷山的记载有很长一段，可以看到在徐霞客这个观赏过无数名山大川的地理学家的眼里，武夷山依然具有非同一般的魅力。

千百年来，武夷山的美景吸引了许许多多名人的到访，除了上面的名人外，还有李商隐、柳永、苏轼、陆游、辛弃疾、范仲淹、刘基和徐渭等人都来过这里。

从这一连串显赫的名字不难看出，武夷山具有多么大的魅力。而这些名人的到来，无疑又给武夷山增添了一分魅力。

阅读链接

我国著名的道士，也是俗传的八仙之一的吕洞宾也曾在武夷山题诗。吕洞宾修道之前，科考不顺利时，就开始浪迹江湖，学仙修道。他也曾到过武夷山，并留下一首著名的《游武夷题》。其中有"武夷之山秀且高，参元堪把死生逃。山中日月常如此，一局棋枰白昼消"之句。

据考证，此诗被认为是我国最早吟咏武夷山的诗歌。从这首诗里，可以看出诗人对武夷山秀美景色的赞美，也可以看出吕洞宾矢志修道的虔诚。

独树一帜的丹霞地貌美景

　　人们对武夷山的评价中，有这样一句："武夷山的自然风光独树一帜，尤其以'丹霞地貌'著称于世。九曲溪沿岸的奇峰和峭壁，映衬着清澈的河水，构成一幅奇妙秀美的杰出景观。"

　　人们的评价一点也不夸张，武夷山的自然名胜较多，比较著名的

■武夷山丹霞地貌

有九曲溪、天游峰等。这些景观确实奇妙秀美，为历代游人所称道。

闽中山水的奇以武夷山为第一，武夷山美在九曲溪。这条举世闻名的河流发源于武夷山主峰黄岗山西南麓，清澈澄莹，经星村镇由西向东穿过武夷山风景区，盈盈一水，折为九曲，因而得名。

九曲流域面积广，山挟水转，水绕山行。每一曲都有不同景致的山水画意，九曲溪的次序是逆流而数的。

武夷宫前晴川一带为一曲。这里大主峰巍然雄踞，矗立云天，雄峙溪北；狮仔峰怪石峥嵘，状如雄狮，坐镇溪南。两峰南北，遥遥相望，主要景点有：大王峰、幔亭峰、换骨岩、三姑石、铁板嶂、水光石和大小观音石等。

舟过铁板嶂，从浴香潭北上，是为二曲。奇丽的玉女峰，插花临水，亭亭玉立于溪畔，成为武夷山的象征。峰下浴香潭水澄碧如染，奇巧玲珑的"印石""香流石"点缀在玉女峰周围，两岸桂竹苍翠，随风婆娑起舞，影随波荡，绿满清溪，构成一幅美妙的图画。

峰回急转近雷磕滩，溪水依南而流，形成一个弯

■ 武夷山的奇峰

印石 战国至西汉时期，古人偶然用滑石制印，用于殉葬。我国印石的种类以寿山石、青田石、昌化石和巴林石为佳，并合称我国四大名石。有时在神话故事中也代为表神仙之间的定情信物。

■ 武夷山金鸡洞

船棺葬 古代以独木舟为样式的葬具的棺木称为船棺葬。我国发现年代最早的船棺，是从武夷山观音岩和白岩取下的两具棺木，均用完整的楠木刳成的。是武夷山一种古老的葬俗。

环，是为三曲。小藏峰危崖峭壁，耸立溪畔，仰望崖际，可见3000多年前古越人的悬棺葬具"船棺"凌空悬架，风雨不毁，远航九天，令游人发思古幽情。

大藏峰下一泓溪水为卧龙潭，向北流过占锥滩，这一段为四曲。大藏峰危立水际，陡峭千仞，与昂首云天的仙钓台隔水相峙，溪畔有元代御茶园，茶香缕缕，令人心醉。主要景点有：大藏峰、仙钓台、御茶园、小九曲、试剑石、题诗岩、金鸡洞。

舟过卧龙潭，右折经题诗岩，小九曲北上至于林渡口，是为五曲。五曲地势宽旷，隐屏峰下，有宋代大理学家朱熹亲自创建的武夷精舍。五曲是武夷山风景的缩影，巨石崎岖，背山临水，其境尤佳。

舟沿溪北上，行至老鸦滩，是为六曲。六曲仅一泓溪水，而天游峰乃"武夷第一胜地"，登临峰顶一览台，极目四望，群峰积翠，九曲环碧，一览无遗。

舟过老鸦滩，溯流而行，到百花庄附近的獭控滩，是为七曲。巍然矗立在七曲溪北的三仰峰，是武夷山风景区中最高峰，峰连三叠，斜插碧霄，峰影朦胧，令人神往。盘峙溪南的城高岩上，松竹环簇，满坡皆绿。

芙蓉滩东西为八曲。夹溪两岸，奇峰环拱，怪石嶙峋，状如动物，宛如水上动物园，有雄狮石、水龟石、象鼻岩、骆驼峰、猫儿石、青蛙石、鱼磕石、海蚧石、牛牯潭、人面石等。惟妙惟肖，栩栩如生。

从峭岩附近的浅滩，到齐云峰下的星村镇，是为九曲。到了这里，放眼西望，平畴沃野，豁然开朗，别有洞天。朱熹在《九曲棹歌》中吟道："九曲将穷眼豁然，桑麻雨雾见平川。渔郎更觅桃源路，除是人间别有天。"

武夷山九曲溪

乌纱帽 我国古代官吏戴的一种帽子，后来也用来比喻官位。乌纱帽原是民间常见的一种便帽，官员头戴乌纱帽起源于东晋，但作为正式"官服"的一个组成部分，却始于隋朝，在唐朝成为鼎盛期，明朝以后，乌纱帽才正式成为做官为宦的代名词。

武夷山九曲清溪，奇峰倒映，宛如一幅丹青画图，人间仙境。

武夷山大王峰又名纱帽岩、天柱峰，因山形如官员的乌纱帽，独具王者威仪而得名。它雄踞九曲溪口北面，是进入九曲溪的第一峰，上丰下敛，气势磅礴，远远望去，宛如擎天巨柱，在武夷36峰中，向有"仙壑王"之称。

大王峰四周都是悬崖峭壁，仅南壁有一条狭小的孔道，可供人们登临峰巅。这是一条小道，宽仅有一尺多些，中凿石级，可拾级盘旋而上。小道越高越窄，有的地方登临者需侧身缩腹，手足并用而过。明代徐霞客称其为武夷三大险径之一。

大王峰巅地势平旷，古树参天，积叶遍地。东壁岩隙间有升真洞，洞内有虹桥板跨空，船棺架临其

■ 武夷山大王峰

武夷山天游峰

上，历数千年而不朽。

　　山顶上还有一条深不可测的岩罅，宽约一米多，下窥黝黑。相传这就是宋代屡遣使者送"金龙玉简"的地方，故名"投龙洞"。

　　站在峰巅，俯瞰武夷群峰碧水，江山如画，令人心旷神怡。

　　武夷山天游峰位于六曲溪北，号称"武夷第一胜景"。每当雨后乍晴或晨曦初入之时，登峰巅，望云海，犹如大海的波涛，变幻莫测。宛如置身于蓬莱仙境，遨游于天宫琼阁，故名"天游"。

　　登上天游峰的一览亭，武夷山水尽收眼底。明代著名旅行家徐霞客评点说：

　　　　其不临溪而能尽九曲之胜，此峰故第一也。

　　天游峰的景色，四季不同，阴晴朝暮，变幻万千。晴天，真容显露，一览无余，具纯真之美；雨天，烟雨蒙蒙，云雾缭绕，犹如一幅

佛光 又名宝光，是阳光照在云雾表面所起的衍射和漫反射作用形成的光学现象，形状如同彩虹。佛教中称"佛光"为释迦牟尼眉宇间放射出来的光芒。佛光在我国具有上千余年的历史，因此以世界奇观驰名中外。

山水画，具朦胧之美；雨后乍晴、晨曦初露，云海涌动，峰岩沉浮不定，如蓬莱仙境；有幸可见云头佛光。

日出时分，云海渐消，朝阳辉映丹山；月明星稀，四野寂静，清风送爽，银光洒满大地；腊月前后，偶有雪片飞扬，溪山银装素裹。

天游峰顶有胡麻涧，涧水从峰头飞流直下，若银河落九天之势，名为"雪花泉"，为山中一大奇观。站在峰巅，可以俯瞰武夷群峰碧水，江山如画，令人心旷神怡。

耸立在二曲溪南的玉女峰是武夷山最秀丽的山峰，已成为武夷山的象征。因其酷似亭亭玉立的少女，故名"玉女峰"。

玉女峰突兀挺拔数十丈。峰顶花卉参簇，恰似山花插鬓；岩壁秀润光洁，宛如玉石雕刻，乘坐竹筏从

■ 武夷山天游峰

■ 武夷山玉女峰

水上望去，俨然是一位秀美绝伦的少女。"插花临水一奇峰，玉骨冰肌处女容。"这就是玉女峰风采神韵的真实写照。

玉女峰与大王峰隔溪相望，像一对脉脉含情的恋人，铁板嶂横亘其间，好像故意从中作梗。这里还有一个传说故事。

据说很早以前，武夷山是个洪水泛滥、野兽出没的地方。百姓辗转沟壑，无以为生。后来，从远方来了一位叫大王的勇敢青年，带领大伙劈山凿石，疏通河道，终于治服了水患。

被疏通的河道就是后来的九曲溪，挖出来的沙石，便堆成了36峰。从此，武夷山一带的人们过上了好日子。

一天，玉女驾云出游，被武夷山美景所迷醉，并下凡与大王相亲相爱。不幸此事被铁板鬼知道密告了

玉皇 为玉皇大帝的简称。是以人间的皇帝为原型虚构出来的神仙，现实中是不存在的。在我国传统文化里被视为众神之王，除了统领天、地、人三界神灵之外，还管理宇宙万物的兴隆衰败、吉凶祸福。

玉皇，玉皇大怒，下令捉拿玉女回天宫。

玉女不从，定要与大王结为夫妻。铁板鬼便施展妖法将他俩点化成石，分隔在九曲溪两岸。铁板鬼为讨好玉皇，也变成山岩横亘在两恋人之间，日夜监视他俩。这就是后来的铁板嶂。

从此，大王、玉女两人被分割在溪水两岸，只能泪眼相望了。玉女峰下的浴香潭，相传就是玉女沐浴的地方。潭中的"印石"是大王送给玉女的定情信物。玉女峰东侧有圆石如镜，光洁照人，是玉女梳妆台，壁间"镜台"二字，是武夷山最大的摩崖石刻。

这个传说很明显是后人根据玉女峰及周围景观的特点而编造出来的，但这个凄美的爱情故事，给秀美的玉女峰增添了无穷的魅力。

武夷山的虎啸岩，所谓"虎啸"，出于古时有仙人骑虎啸于岩上的典故。从大自然的角度解释，在虎啸岩上有个巨洞，每当山风掠过该洞，就会发出近似虎啸之声。声小之时，只能穿耳闪过；洪亮之时，却可声震群山，令人毛骨悚然。所以，就有了"虎啸岩"之名。

来到虎啸岩下，抬头望岩，首先映入眼帘是"虎溪灵洞"四个大字高刻岩壁，真可算是危崖高耸，岌岌可危，幽深景观，虎啸神奇。

虎啸岩，其秀无比，其峻无双，它的险要曾令不少游人生畏，望而却步。明代释真炽在诗中写道："极目皆图画，居然与世违。"

从虎啸岩到"一线天"，一条小路曲曲弯弯细又长，蜿蜒在满布茶园的溪谷中。群山巍峙，转折连环，时时品味"山重水复疑无路，柳暗花明又一村"的欣喜。溪谷里绿荫遍地，风过处，沁人阵阵茶香，神清气爽。

"一线天"又称"一字天"，位于武夷山群峰南端、二曲溪南面的一个幽邃的峡谷里。一线天旁边的岩端倾斜而出，覆盖着三个岩洞：灵洞、风洞和伏羲洞。从岩顶裂开一线，就像利斧所劈，从中漏进一线天光，宛如跨空长虹，被叹为"鬼斧神工一线天"。

关于"一线天"的由来，民间传说很多。宋人蔡公亮说是圣人文笔所开："不知谁把如椽笔，画出光明一字天。"

民间传说却是伏羲大神用玉斧所劈："巨斧劈后千寻裂，白石行空一线通"。"神工自天来，手持白玉斧，劈破两山崖，化作千丈堵"。

也有人说是善于刺绣的桃花女，用绣花针划开山崖的。这诸说纷纭的来历，为"一线天"增添了不少传奇色彩。

武夷山水帘洞为武夷山著名的七十二洞之一，位于章堂涧之北。进入景点处，有一线

武夷山虎啸岩

篆书 是我国汉语字体之一。篆书是大篆、小篆的统称。大篆指甲骨文、金文等文字，保存着古代象形文字的明显特点。小篆也称"秦篆"，是秦国的通用文字，大篆的简化字体，其特点是形体齐整、字体较籀文容易书写。在汉文字发展史上，它是由大篆至隶、楷之间的过渡。

小飞瀑自霞滨岩顶飞泻而下，称为"小水帘洞"，拾级而上，即可以到达水帘洞。

水帘洞上凸下凹，似斜覆的飞檐，崖内轩爽敞亮，有三祀祠，奉祀宋朝大儒刘子翚、朱熹、刘珙。洞前有两道流淌的清泉，从一百多米高的崖顶飘洒而下，宛若珠帘，散落在崖下浴龙池中，人称"赤壁千寻晴疑雨，明珠万颗画垂帘"。

《武夷山志》称水帘洞为"山中最胜之境"。徐霞客称其：

危崖千仞，上突下嵌，泉从岩顶堕下，岩既雄旷，泉亦高散，千条万缕，悬空倾泻，亦大观也。

■ 武夷山水帘洞

水帘洞的洞内岩壁上有许多摩崖石刻，篆书"活源"二字，尤为引人注目。这"活源"二字取自朱熹《观书有感》一诗：

半庙方塘一鉴开，天光云影共徘徊。问渠那得清如许？为有源头活水来。

古人在此勒上"活源"

■武夷山水帘洞

二字，即点出了水帘洞的景致，又勾起人们对朱熹求学精神的追思，可谓恰到好处。这一处处的山水名胜，像一粒粒珍珠，把秀丽的武夷山装点成了一处人间仙境。

阅读链接

相传很久以前，嗜好钓鱼的姜太公，遁迹武夷山九曲溪。有一天，姜太公上四曲垂钓取乐，在垂钓中救了一条墨鱼精，姜太公正想着自己做了一件好事而心中得意，钓兴也浓，可苦钓了一天什么也没钓着，鱼竿却断了两根。

姜太公快快不乐，又换了第三根钓竿，突然鱼竿颤动，姜太公以为大鱼上钩，心中大悦，将钓竿缓缓拖近，才发现这哪是什么鱼呀，只是一对金龟。

他思来想去，钓了几百年的鱼，从没遇过这等晦气事。他忽然醒悟，有不祥之兆，可能由于鱼钓得太多，或是成全了墨鱼的凤愿，有违天意。

于是，姜太公拱手向天起誓，此后永不垂钓。随即脱下衣袍，裹着钓来的两只金龟，逆水放生到八曲溪中。

在八曲溪中，有只金龟昂首游在水里，背上驮着另外一只金龟。两只金龟，一只想上，一只欲下，成了形象逼真的上下水龟。这就是游人津津乐道的九曲佳景"回首望金龟"。

万里飘香的武夷山岩茶

武夷山岩茶基地

提到武夷山，人们自然会想起大红袍等名茶。的确，大自然的恩赐造就了风光绮丽的武夷山水，也给武夷山茶树生长繁衍提供了优越的自然条件。几千年前，武夷山的岩茶就已经飘香全国。

武夷山岩茶不仅历史悠久，而且品种多样，深受人们喜爱。于是，许多文人墨客争相写诗歌颂武夷山岩茶，更使岩茶演绎出了一种文化，为各地爱茶之人所称道。

武夷山产茶历史悠久，早

在南北朝时，就以"晚甘喉"著称于世。

武夷山茶最早采叶作饼，以"森伯之祖"而闻名。到了唐时，以研膏茶出现，它是一种不加香料的自然茶。不久，武夷山茶从研膏转为腊面，而且有飞鹊之饰和加入香料配制成片状茶型，当时已作为高贵的馈赠礼品之用。

15世纪末16世纪初，武夷山比较重视创制小种红茶。到17世纪的清代，武夷山的茶达到全盛时期，扬名四海。

当时由于红茶制法繁复，红茶逐渐衰弱，于是武夷山茶农又创制"三红七绿"的青茶，即后来所称的"岩茶"，又称乌龙茶。

武夷山上岩茶，不仅历史悠久，而且种类丰富。除了赫赫有名的大红袍外，能够在国内外得到广泛认同的还有铁罗汉、半天腰、白鸡冠、水金龟等五大名茶。

大红袍名枞茶树，生长在武夷山九龙窠高岩峭壁上，岩壁上至今仍保留着1927年天心寺和尚所作的"大红袍"石刻。

关于"大红袍"的来历，还有一段动人的传说呢。传说天心寺和

天心寺 位于重庆市巴南区天星寺镇莲花山，山势自然形成莲花。据向楚《巴南志》记载，天心寺始建于明代崇祯年间，清同治六年维修并建关帝殿，民国三年修建大雄殿，民国十五年重修法堂，是重庆地区四大佛教圣地之一，许多重要佛事活动都在这里举行。

尚用九龙窠岩壁上的茶树芽叶制成的茶叶治好了一位皇后的疾病，皇上大喜。皇上将一件大红袍赐给茶树，大红袍披在茶树上以表感谢之情，红袍将茶树染红了，"大红袍"茶名由此而来。

铁罗汉被认为是武夷山最早的岩茶名种，关于原产地较多人认为是武夷山慧苑岩的内鬼洞中。茶丛根植于长仅丈许的狭窄的隙地间，两边是高耸的崖壁，边上有小涧水流以滋润茶丛。

铁罗汉树丛较高，生长茂盛，叶长而大，叶色细嫩光亮。经无性繁殖，生长良好，品质极佳。

半天腰也是武夷山五大名茶之一。原产于武夷山九龙窠三花峰的半山腰。

半天腰原名半天鹞，其名来源于明朝永乐年间。

■ 武夷山大红袍

■ 茶山上的茶树

据说天心永乐禅寺方丈，一日偶得一梦，梦见一只洁白的鹧，嘴里含着一颗闪光的宝石，被一只巨鹰紧追不舍后将宝石落在三花峰的半山腰上。

梦醒后，为了证实梦的灵验，方丈派了一个小和尚登峰去寻找。小和尚从蓑衣峰旁翻越直至三花峰顶，而后借助绳索，到三花峰的半山腰寻找宝石。

"功夫不负有心人"，终于在一块突起的峭壁上发现一颗绿色的茶籽，已开始吐芽长根，小和尚小心翼翼地拾起，带回庙中，交给方丈。

方丈将茶籽亲自培植，待长到尺余高，仍由小和尚将其移栽上去。因为方丈认为此茶籽系鹧鸟所赐予三花峰的半山腰，不可强占，又似半天空中的一株茶，所以命名为"半天鹧"。

罗汉 是阿罗汉的简称。有杀贼、应供、无生的意思，是佛陀得道弟子修证最高的果位。罗汉皆身心六根清净，无明烦恼已断，已了脱生死，证入涅槃。堪受诸天人尊敬供养。佛教认为，获得罗汉这一果位即断尽一切烦恼，应受天人的供应，不再生死轮回。

■ 武夷山茶园

知府 又称"太
守"或"知
州",是古代担
任职务的官吏的
官名。在我国很
多朝代中均有设
置"知府"这一
职位,其目的是
让更多有能力、
有才华的人共同
为皇帝分担朝政
事务。

后来,由于"鹛"与"腰"同音,又因为生长在半山腰上,久而久之就成了"半天腰"。

半天腰属灌木型,叶片呈椭圆状,叶色泽深绿光滑,锯齿较浅,成品茶香气浓郁、高长、滋味甜醇。

白鸡冠是武夷山四大名枞之一,关于武夷山白鸡冠原产地有两种说法。一种说产于武夷山慧苑岩火焰峰外鬼洞中。另一种说法是在武夷宫的文公祠内。

据调查,两地茶树颇为相似。当茶树萌芽、幼叶初展之时,新梢薄软如绸,色泽浅绿微黄,与树上浓绿的老叶形成鲜明的色层,这是白鸡冠名称的由来。

白鸡冠之名在明代已有传闻。据记载,明代有一知府携眷往武夷,下榻武夷宫,其子染疾,腹胀如牛，医药无效。

此时，有一寺僧奉一小杯茶，知府啜之味特佳，将剩下的茶端给儿子喝，儿子的病竟然好了。知府连忙问茶叫何名。寺僧答曰白鸡冠。后来，知府将此事上告知皇上。

皇上品尝以后，也感觉到此茶非常好，就下令每年赐银百两、粟四十石给寺庙，而寺庙每年要向皇宫进献此茶。据记载，这项进献一直持续到清朝。由此可见，白鸡冠的质量真是非同一般。

水金龟也为武夷山岩茶四大名枞之一。水金龟树皮灰白色，枝条略弯曲，叶长圆形，翠绿色，有光泽，品质极佳。

水金龟扬名于清末，在历史上还有一段趣话，也因于此，水金龟身价更为不凡。

据说，水金龟茶树原产于天心岩杜葛寨下。一日，大雨倾盆如注，致使峰顶茶园边岸坍塌，茶树被水冲至牛栏坑头之半岩石凹处。

武夷山的磊石寺与天心寺双方，为被冲走的水金龟的产权归属费金数千对簿公堂。为了茶树，让静心修养的和尚也动了争执之心，足见此树的名贵。

■武夷山茶博园

武夷山的肉桂茶又名玉桂茶，也是武夷山岩茶之一。远在清朝已负盛名。"奇种天然真味好，木瓜微酽桂微辛"，清代蒋衡的《茶歌》中，对肉桂茶的独特品质特征做了很高的评价。

据记载，肉桂茶树最早发现于武夷山慧苑岩。其树型为灌木状，枝条向上伸展而略披张，树幅常在两米以上。叶长椭圆，叶面光滑，色浓绿，叶尖钝而有内缺，具有高产的特性。肉桂茶以香气辛锐持久，桂皮香明显，佳者带奶油香，滋味醇厚回甘快，饮后齿颊留香，喉感润滑而备受人们喜爱。

武夷水仙茶原产于祝仙洞。水仙种在光绪年间，移植武夷山后，在优异的自然环境下繁育种植，更显其高产优质的品种特性。

武夷山水仙系半乔木状，树势高大，自然生长，树枝干直立，主干粗大。叶色浓绿富有光泽，叶面平滑富草质，叶肉特厚。由于武夷山水仙茶品质稳定，多年以来盛誉不衰，获得越来越多的人青睐。

武夷山的岩茶名扬天下，自然成为我国最宝贵的历史文化。

阅读链接

武夷山岩茶中，流传着有关水仙茶的传说。

相传，有一年武夷山热得出奇，有个外地来的穷汉子，上山去砍柴。由于天气炎热，他就到祝仙洞找了个阴凉地方歇息。

突然迎面吹来凉风，他就朝着风吹来的方向看去，不远处有一棵小茶树，他走到茶树前，摘下几片叶子含在嘴里，此时头不昏了，脑不涨了。于是折下一条小枝带回了家里。

这小树枝没几天就长成了小茶树。这位汉子每天都泡水喝，不久，他神采奕奕，满面红光。大家问他吃了什么仙丹妙药？这位汉子也不清楚，就把事情的经过说了出来。

大家觉得新奇，都打听茶树的来历，他说是从祝仙洞一棵茶树上折来的。因为"祝"的发音跟崇安话"水"的发音很像，大家以为是"水仙"，就把茶树叫成"水仙"茶树了。

珠穆朗玛峰

　　珠穆朗玛峰简称珠峰，又叫圣母峰，位于我国和尼泊尔交界的喜马拉雅山脉主峰。珠穆朗玛峰是世界第一高峰。

　　珠峰不仅巍峨宏大，而且气势磅礴，在它周围范围内，群峰林立，因此被称为我国最美丽和令人震撼的十大名山之一。

　　喜马拉雅山拥有10座海拔8000米以上、38座7000米以上的山峰，因此被称为"世界第三极"。珠峰脚下有许多现代冰川，刀脊、冰斗等地貌广泛分布，体现了丰富的地质资源。

长寿五仙女降服五只毒鸟

在海拔8000米之上，在空气稀薄而透明的地球之巅，在晶莹巨大的雪椅之中，"她"独自坐在那儿，一动不动。"她"就是世界屋脊珠穆朗玛峰。

珠穆朗玛峰位于我国和尼泊尔两国的交界之处，它的北坡在我国西藏境内，南坡在尼泊尔境内。珠穆朗玛峰是喜马拉雅山脉的主峰，

喜马拉雅山脉

也是世界上最高的山峰。

■ 珠穆朗玛峰

在藏语中，"珠穆"是女神的意思，"朗玛"是第三的意思。因为在珠穆朗玛峰的附近还有四座山峰，珠峰位居第三，所以称为珠穆朗玛峰。

珠穆朗玛峰是喜马拉雅山脉的主峰，其山体呈巨型金字塔状，威武雄壮，昂首天外，地形极端险峻，环境非常复杂。

珠穆朗玛峰高大巍峨的形象一直享誉中外，只要一说起"珠穆朗玛峰"这个名字，就会让人联想到它的壮丽奇景。但是，很多人却不知道，关于"珠穆朗玛"这个名字，是由一个美丽动人的传说得来的。

相传在很久很久以前，喜马拉雅地区是无边无际的大海，波涛轻拍海岸，沙滩岩石突兀，海边野草丛生，花朵永不凋谢，岸边群山叠嶂，茂密的原始森林伴随着鸟语花香和满枝花果，处处呈现出美好景象。

藏语 属汉藏语系藏缅语族藏语支。藏语和汉语之间存在的关系并不遥远，两种语言来自同一个原始汉藏语，汉藏语分裂的时间已有上千年的历史，是我国语系中具有代表性的一种语言。

■ 白雪覆盖的珠穆
朗玛峰

毒鸟 神话故事中
的一种巨鸟，据
说其羽毛带有剧
毒，只要是它经
过的地方，所有
生物必定死亡。
这种鸟虽然剧毒
无比，但颜色却
是出奇的漂亮绚
美，在古书中也
有一个别致的名
字"鸩"，饮鸩
止渴、鸩酒等都
是对它的可怕描
述，只有法力高
深的女神才能消
灭它。

有一天，大海上突然出现五只毒鸟，它们身上散发着毒气，弥漫在天空和大地，顿时黑云压顶，大海翻滚，并且大地颤动，摧毁了海边花草，击毁了花果森林，鸟兽四处奔逃。

正当生灵万物尽遭涂炭时，大海上空由东向西飘来五色祥云，摇身变为五位仙女。她们来到海边，施展无穷法力，降服了五只毒鸟，将其镇压在雪山下。

大海恢复了往日宁静，海岸和森林重现了祥和景象，生活在这里的花鸟百兽和万物生灵一齐对五位仙女行跪拜之礼，感谢仙女们的救命之恩。

五位仙女本想告辞返回天庭，无奈万千灵物苦苦哀求，请求她们留下来保佑万物生灵。五位仙女动了慈悲之心，同意留下来与万千灵物共享太平。

可是这么美丽的地方一眼望去，却是无边无际的大海，只有极少数的森林。于是，五位仙女施展法力，喝令大海退去，喜马拉雅山东部便出现了茂密森林，西边就成了万顷良田，南边是花草园林，北边则成了无边的草原牧场。

又过了很久很久，这片美丽的土地便有了善良的人们在这里耕作生息。这些善良的人们用他们的智慧和勤劳装扮着这片神奇的土地。

五位仙女看到这一切都很好，她们就想赐福于这片土地和勤劳的人们，还有森林里的花草动物们，于是她们就变为喜马拉雅山的五个主峰，统称为"长寿五仙女"，又叫作"祥寿仙女"，藏语的读音是"扎西次仁玛"，意思是掌管人间的福寿。

五仙女分别是：第一位是翠颜仙女，藏语读音为"婷格协桑玛"，意思是掌管人间的"先知"神通；第二位是贞慧仙女，藏语读音为"米约罗桑玛"，意思是掌管人间的农田耕作；第三位是施仁仙女，藏语读音为"德迦卓桑玛"，意思是掌管人间的畜牧生产；第四位是冠咏仙女，藏语读音为"觉班真

五色祥云 "五色"一般代表红、黄、绿、白和黑这五种颜色。"祥云"代表有好的预兆，表示对未来的美好祝愿。五色祥云的喻意为国泰民安和百姓安居乐业。在神话故事中指将会有守护神出现。古代人们会把祥云的图案画在服饰、玉佩、雕塑上面，以此表示美好的祝愿。

■ 珠穆朗玛峰

銀装素裹的喜马拉雅山

旷世的奇山

桑玛"，意思是掌管人间财宝；第五位仙女屹立在高原西南，守护着这片美丽的山河和勤劳的人们，她用雪山上的雪水灌溉着山下万顷良田、草原和森林。

不知过了多少年，周围的人们就把五位仙女的名字称呼为五座山峰了。因为三姐"德迦卓桑玛"长得俊美而高大，所以人们把第三女神称为珠穆朗玛峰。

阅读链接

我国第一批成功登陆珠峰的人中，有一个队员名叫贡布。他出生于一个很贫困的家庭，于是从小便为农奴主放羊和做佣人，直到22岁时，他的命运才发生了根本性的变化。

有一天，他听当地的老人说如果去当兵，每月还能领到军贴钱，于是他自告奋勇地报名参军了。

在他当兵期间，曾被选入了我国第一支登山队中，即使在登山途中面对种种困难和挑战时，他也从不曾退缩，就算生命受到威胁时，他也坚强地挺了下来。

那是因为在他心中怀着为国争光的坚定信念，因此在1960年5月25日，他成功登上了世界最高的山峰珠穆朗玛峰，在世界登山史上创造了从北坡攀登珠峰的伟大壮举。

飘落在珠峰上的守护精灵

千百年来珠穆朗玛峰赢得世人数不清的赞叹与崇敬，最值得一提的就是在它顶空上的旗云。关于变幻莫测的旗云，究竟有着怎样的传说呢？

相传很久以前，眷念人间山水美色的五位女神降临在人间。

在这五姐妹中，以三姐珠穆朗玛最为美丽。她虽然本性善良，但

珠穆朗玛峰观峰台

旷世的奇山

■ 白云下的珠穆朗玛峰

鸳鸯 鸟类名。善游泳，翼长，能飞，是我国著名特产珍禽之一。据传鸳鸯是"一夫一妻"和"白头偕老"的表率，它们一旦结为配偶，便不离不弃，即使一方不幸死亡，另一方也不再寻觅新的配偶，而是孤独凄凉地度过余生，因此鸳鸯在我国被称为永恒之爱的象征。

是有着极强的个性，不愿意让人接近她。当她心情不好的时候也会发怒，有时甚至会报复那些冒犯了她的人类。

珠穆朗玛所居住的地方，是一个浩渺无边的古海。在海边的山上生长着高大茂密的森林，树上结满了又大又甜的各种果子，时常还会有许多山禽野兽来这里玩耍。

不知何年何月，突然来了一群妖魔鬼怪，它们兴风作浪，霸占森林，践踏花草，捕杀鸟兽，顿时鸟兽哭泣，花草枯萎，天地失色。

山妖水怪的恶行惊动了女神珠穆朗玛，她用无比高强的法力，把妖魔鬼怪镇压在了一座雪山底下。

珠穆朗玛用法力让古海重新恢复了往日的宁静与祥和。她又带来了一群神牛和一对对鸳鸯，并亲手开凿了几处蓝色的冰湖。然后，她拖着疲倦的身躯，隐入云雾之中，俯瞰着蔚蓝色的大海和绿茵茵的草原。

曾经有人说那奇异美丽的云彩，是丧生在妖魔鬼怪手掌之下万物的灵魂，它们感激珠穆朗玛的拯救之恩，便化作云彩守护着这位伟大的女神。

于是，每当天气晴朗之时，人们便会在珠峰顶上看到那飘浮着的云彩，云彩沿着山顶飘向一边，仿佛一面迎风招展的旗帜。

如此美丽变幻的旗云，它究竟是怎样形成的呢？

云形成时被高空的风吹拂，远处的云被吹散，近处的却因为不断成云而被聚留下来。用现代地理学上的知识来解释就是因为珠峰顶上随着高空风、上升气流和天气系统的不同，旗云的形态也就不断变换着。

珠穆朗玛顶峰上不断生成的对流性"积状云"，受高空气流影响，随风飘动，波涛起伏，远望宛如一面旗帜飘挂在峰顶，所以被称为"旗云"。

旗云是由对流性积云形成，可根据其飘动的位置和高度，来推断峰顶风力的大小。如果旗云飘动的位置越向上倾，说明高空风越小；越向下倾，风力越大；若和峰顶平齐，风力约有9级。

珠穆朗玛峰顶的白云

■珠穆朗玛峰顶奔腾的云

　　旗云既可作风向标，还可根据方向变化预报天气。旗云的风向以及形状等都会对天气产生影响，因此，可以根据旗云形态的变化来判断西风急流的强弱和高空天气系统的变化。由于旗云的变幻可以反映出高空气流的变动，因此，旗云被称为"世界上最高的风向标"。

　　旗云的形状姿态万千，一会儿像波涛汹涌的海浪，一会儿似万里奔腾的骏马，一会儿又如轻轻飘动的面纱。这一切，使珠穆朗玛峰增添了不少绚丽壮观的景色，堪称世界一大自然奇观。

阅读链接

　　珠穆朗玛峰是我国西藏人发现并命名的。

　　1715年，清政府对珠穆朗玛峰进行了勘测，并根据当地藏族人对它的称呼，正式命名为"朱姆朗马阿林"。后在同治年间，"朱姆朗玛阿林"又被标作"珠穆朗玛山"。

　　一个多世纪以后，珠穆朗玛峰被殖民主义者篡改为额菲尔士峰。后来，我国政府将"额菲尔士峰"正式命名为"珠穆朗玛峰"。

　　珠穆朗玛峰的名字从民间传说到正式命名是经历了漫长的历史过程的。虽然我国对珠峰的科学考察近代才较详尽，但是正式发现它是世界上最高峰还是比英国人早138年，中国人命名珠峰也比英国人早134年。

奇特自然景观造就神话传说

珠穆朗玛峰是一个典型的综合性自然保护区，山体呈金字塔状，山上的冰川面积达100亿平方米，最长的冰川面积大约达到2.6千米，山峰顶部因终年积雪，所以地形十分陡峭。

珠峰旁的飞鸟

■ 藏羚羊　学名藏羚，是偶蹄目，牛科，藏羚属动物。我国重要珍稀物种之一，属于国家一级保护动物，被列入《濒危野生动植物种国际贸易公约》。是作为青藏高原动物区系的典型代表。藏羚羊性情胆怯，早晨和黄昏结小群活动、觅食。藏羚羊善于奔跑，寿命最长8年左右。

　　珠穆朗玛峰区内有着许多珍贵的动物和植物，主要保护动物为山间的孔雀、长尾叶猴、藏熊、雪豹和藏羚羊等，主要保护植物为长蕊木兰、西藏延龄草、天麻、锡金海棠、人参、三七、长叶云杉、喜马拉雅长叶松、胡黄莲、桃儿七、喜马拉雅红豆杉和水青树等。

　　其中最具有代表性的动物就属长尾叶猴。长尾叶猴，也称北平原灰叶猴，以身长或尾部长得名，分布于印度、尼泊尔、克什米尔和巴基斯坦等地，它栖息于热带或亚热带森林中，主要以树叶为食。

　　长尾叶猴尾巴很长，适于树栖，体型纤细。白天活动，夜晚树栖，并有季节性垂直迁移现象，长尾叶猴体毛主要为黄褐色，额部有一些灰白色的毛，呈旋状辐射形，面颊上有一圈白色的毛。

　　长尾叶猴初生时毛色不同，为棕黑色，到2至5个月大时成为浅灰色，随后逐渐变成黄褐色，成年才转成灰黄褐色。头部圆，吻部短，四肢都很长，尾巴更长，呈土灰色或灰棕色。

长尾叶猴不但有着美丽的外形，而且还被赋予了神话色彩。相传长尾叶猴是流传于古印度的神猴，又名哈努曼叶猴或哈努曼。

据说哈努曼叶猴是风神和贬入人间为猴的歌女之子，他刚出生时拥有四张猴脸和八只手，还具有十分大的力气，就连天神之王都无法和他在力量上匹敌。

哈努曼叶猴虽说是力大无穷，但他却不会任何的法术和武艺，正当他伤心难过之时，却听到了天神说三大主神之一的"大梵天"拥有至高无上的德行和法术，谁要能拜他为师，定能成为全天下第一。

于是哈努曼叶猴立刻前往大梵天所住之地，恳求大梵天能收他为徒。在哈努曼叶猴的再三恳求之下，大梵天决定收他为徒，并给他改名为"哈努曼"。

大梵天 又称"造书天""婆罗贺摩天"和"净天"，是华人地区俗称的四面佛。大梵天在我国的香港、澳门和台湾十分受崇拜，相传他的地位相当于我国古代神话中开天辟地的盘古。

 长尾叶猴

■ 喜马拉雅山脉

太子 又称皇储，储君或皇太子，是我国封建王朝中皇位的继承人。在我国古代，太子的地位仅次于皇帝本人，并且他还拥有自己的、类似于朝廷的"东宫"。

侍女 又称侍婢和近身女仆，是指贴身照顾和侍候主人的侍女，侍女多出现于我国古代宫廷中，指侍奉皇上后妃的女子，还指为皇后或者嫔妃出谋划策的女子。

随着时光的流逝，他在师父"大梵天"的细心指导下，不仅学会了各种武艺，还练就了一身的法术。

有一天趁师父不在的时候，他偷吃了师父的秘制仙丹，吃完后顿时雷鸣电闪，他感到全身灼热且疼痛难忍，就在他难以忍受之时，他的身体也发生了微妙的变化，由最初金色的毛变成棕黑色的毛，由最初较短的尾巴变成了十分长的尾巴。

自从身体发生变化后，疼痛也随之慢慢地消失了。事后他才回想起来，原来自己偷吃的仙丹就是师父常说的"龙珠丹"，吃此丹者，可以拥有长生不老之功效。

哈努曼怕师父责怪他偷吃龙珠丹之事，于是他告别天庭去了人间。刚到人间没多久，就遇上了阿逾陀国的王子罗摩，罗摩和哈努曼一见如故，很是谈得来，于是罗摩决定把这一路所经历之事都告诉了哈努曼，希望哈努曼能够帮助自己。

原来阿逾陀城国王有3个王后，生有4个儿子，长子就是罗摩。罗摩通过比武获胜，迎娶了弥提罗国的大地美女悉多公主。

随着时光的流逝，阿逾陀城的国王年迈，决定立罗摩为太子，继承王位。但国王的第二个王后受侍女怂恿，竟提出流放罗摩14年、立她的亲生儿子为太子的非分要求。

阿逾陀国有一个规定，国王必须应允王后的所有要求。罗摩为使父王不失信义，甘愿流放。悉多公主为了夫妻之情，罗摩的弟弟罗什曼那为了兄弟之情，都甘愿随同流放。

罗摩三人在流放途中遇到了楞伽岛十首魔王"罗波那"。

仙丹 最早出现于我国道教，是指炼丹后而成的药物，无论是外丹还是内丹，通常都俗称为"仙丹"。后来"仙丹"被引用到神话故事中，专指神仙所炼制的灵丹妙药，具有起死回生或长生不老之功效。

■ 珠穆朗玛峰的自然保护区

珠穆朗玛峰的自然保护区

罗波那见到美丽的悉多，心中甚是喜欢，于是他动用魔法使空中刮起了一阵龙卷风，趁风越来越大之时劫走了悉多，正在罗摩伤心之际遇见了哈努曼，罗摩把他的经历告诉了哈努曼。

哈努曼听后动了恻隐之心，决定帮助罗摩王子拯救悉多，于是哈努曼带领猴兵猴将并在众神的协助下，帮助罗摩王子击败罗波那，救回了悉多。哈努曼舍己助人不求回报的精神感动了阿逾陀国的百姓，于是后人称其为"神猴"。由于他的毛是棕黑色而且尾巴又十分长，因此又叫作长尾叶猴。

阅读链接

在珠穆朗玛峰区内生长着一种名为"锡金海棠"的花朵。据说这种花朵原是有天香的，后来不知什么原因就没有了。

传说玉帝的御花园里有个玉女花神，玉女是嫦娥的好友。有一次，她到广寒宫去玩。看见了10盆奇花，便请求嫦娥送她一盆，在玉女的央求下，嫦娥只好答应。却被王母娘娘撞见，便命人把玉女和她手中的花一起打下凡间。

说来也巧，这盆花正巧落在一个靠种花为生计的老汉花园中，老汉见一盆花从天而降，忙叫女儿海棠过来帮忙，海棠急急地跑过来，看见爹爹手里捧着一盆花儿，一直叫"海棠"。

海棠姑娘高兴地问："爹爹，这花儿也叫海棠吗？"

老汉见是一种从未见过的叫不上名儿的花，听见女儿这么一说，就干脆将错就错叫它"海棠花"了。